PRIVATINSOLVENZ
LEICHT GEMACHT

Intelligent aus den Schulden

Roul Inblich

Impressum © 2023 Roul Inblich

Impressum:
Roul Inblich
c/o AutorenService.de
Birkenallee 24
36037 Fulda

E-Mail: Roul.Inblich@outlook.de

Informationen lediglich als Orientierungshilfe verstehen und im Zweifelsfall immer eine professionelle Beratung in Anspruch nehmen. Jeder Leser handelt auf eigenes Risiko und trägt die volle Verantwortung für seine Handlungen und Entscheidungen im Zusammenhang mit der Privatinsovenz.

Ich übernehme keinerlei Verantwortung für die Inhalte auf externen Websites und in Büchern, die ich in diesem Buch empfohlen habe. Diese Empfehlungen dienen lediglich zur Information und stellen keine Gewährleistung oder Garantie für die Richtigkeit, Aktualität oder Vollständigkeit der Inhalte dar. Jeder Leser ist selbst dafür verantwortlich, die entsprechenden Informationen kritisch zu prüfen und auf eigene Gefahr zu nutzen. Für Schäden oder Nachteile, die aus der Verwendung dieser externen Quellen entstehen könnten, wird keine Haftung übernommen.

Hinweis zur Verwendung von Chat GPT:
Bei der Erstellung dieses Buches wurden KI-gestützte Textgenerierungstools, insbesondere Chat GPT von OpenAI, zur Unterstützung verwendet. Die Verwendung dieser Technologie diente lediglich als Hilfsmittel zur Ideenfindung und Formulierung. Der eigentliche Inhalt und die kreative Gestaltung des Buches liegen ausschließlich beim Autor/der Autorin.

Für meine Tochter

"Der erste Schritt zum Erfolg besteht darin, den Mut zu haben, im Leben einen Neuanfang zu wagen."

- JOHN D. ROCKEFELLER

INHALT

VORWORT

Liebe Leserinnen und Leser,
herzlich willkommen zu meinem Buch "Privatinsolvenz
leichtgemacht". In diesem Werk möchte ich Ihnen einen
umfassenden Leitfaden zur Verfügung stellen, der Ihnen
helfen soll, die Herausforderungen der Privatinsolvenz zu
verstehen und zu bewältigen. Mein Ziel ist es, Ihnen praktische
Informationen, Ratschläge und Lösungsansätze zu bieten,
damit Sie Ihren Weg zu finanzieller Freiheit und einem
Neuanfang finden können.

Finanzielle Schwierigkeiten können jeden von uns treffen. Ein
unerwarteter Jobverlust, eine gescheiterte Selbstständigkeit,
eine Krankheit oder andere unvorhergesehene Ereignisse
können dazu führen, dass wir mit Schulden konfrontiert
werden und den Überblick über unsere finanzielle Situation
verlieren. Es ist wichtig zu betonen, dass es keine Schande ist, in
einer solchen Lage zu sein. Es ist mutig, sich dieser Realität zu
stellen und nach Lösungen zu suchen.
In diesem Buch erkläre ich Ihnen die Grundlagen der
Privatinsolvenz und erläutere, wie der Prozess abläuft. Sie
werden erfahren, welche Schritte Sie unternehmen müssen, um
einen Insolvenzantrag zu stellen und wie Sie sich während des
Verfahrens verhalten sollten. Des Weiteren gehe ich auf Ihre
Rechte und Pflichten ein und erkläre, welche Auswirkungen die
Privatinsolvenz auf Ihr Leben haben kann.

Ich möchte Sie ermutigen, dieses Buch als Werkzeug zu nutzen, um Ihre finanziellen Schwierigkeiten zu überwinden und einen Neuanfang zu wagen. Sie werden Informationen darüber finden, wie Sie Ihre Ausgaben optimieren, Schulden abbauen und Ihren finanziellen Plan aufstellen können. Zudem gebe ich Ihnen Tipps zur langfristigen finanziellen Stabilität und wie Sie Ihren Weg zu einem schuldenfreien Leben gestalten können.

Es ist wichtig zu beachten, dass dieses Buch keine individuelle Rechtsberatung ersetzen kann. Jeder Fall ist einzigartig, und es ist ratsam, professionelle Unterstützung von Experten wie Insolvenzanwälten oder Schuldenberatern einzuholen. Die Informationen in diesem Buch dienen als allgemeine Orientierung und sollen Ihnen einen umfassenden Überblick über die Privatinsolvenz bieten.

Ich hoffe aufrichtig, dass dieses Buch Ihnen helfen wird, Ihre Finanzen in Ordnung zu bringen und einen Weg aus der Schuldenfalle zu finden. Ich bin davon überzeugt, dass jeder die Möglichkeit hat, seine finanzielle Situation zu verbessern und ein glücklicheres, sorgenfreies Leben zu führen. Mit etwas Wissen, Entschlossenheit und der Bereitschaft, Veränderungen vorzunehmen, können Sie Ihre finanziellen Schwierigkeiten überwinden.

Ich danke Ihnen, dass Sie sich für mein Buch entschieden haben, und wünsche Ihnen viel Erfolg auf Ihrem Weg zu einer schuldenfreien Zukunft. Denken Sie daran, dass es nie zu spät ist, einen Neuanfang zu wagen. Lassen Sie uns gemeinsam die Privatinsolvenz leichtgemacht angehen und die Kontrolle über unsere Finanzen zurückgewinnen.

Vorwort-Ergänzung

Liebe Mitmenschen,

ich möchte Sie herzlichst zu diesem Buch begrüßen, das Ihnen in schwierigen Zeiten zur Seite stehen soll. Es ist eine Ressource, die Ihnen helfen kann, Ihre finanziellen Herausforderungen zu bewältigen und einen Weg zur persönlichen Freiheit zu finden.

Jedoch ist es wichtig anzumerken, dass es immer Menschen geben wird, die diese Entscheidung nicht nachvollziehen können. Manche mögen der Meinung sein, dass man jede Schuld bis zum Ende abarbeiten sollte, selbst wenn es bedeutet, sprichwörtlich unter der Brücke zu wohnen. Wenn Sie einer dieser Menschen sind und nur das Negative in anderen sehen, dann bitte ich Sie, das Buch an dieser Stelle zu schließen.

Dieses Buch ist für all diejenigen gedacht, die offen für Hilfe in schwierigen Situationen sind und noch an das Gute im Leben glauben. Ich wünsche Ihnen von Herzen viel Erfolg mit diesem Buch, das Ihnen auf Ihrem Weg zur finanziellen Freiheit helfen und Sie begleiten soll.

Es geht darum, eine positive Einstellung zu bewahren, an Möglichkeiten zu glauben und die Werkzeuge und Informationen in diesem Buch für Ihre eigene persönliche Entwicklung zu nutzen. Es erfordert Mut, Entschlossenheit und die Bereitschaft, Veränderungen anzunehmen. Wenn Sie diese Eigenschaften in sich tragen und offen sind für neue Wege, dann bin ich zuversichtlich, dass dieses Buch Ihnen dabei helfen kann, Ihre finanziellen Ziele zu erreichen.

Denken Sie daran, dass finanzielle Schwierigkeiten nicht das

Ende bedeuten müssen. Sie können diese Herausforderungen überwinden und zu einem besseren Leben gelangen. Seien Sie dankbar für die Unterstützung, die Ihnen dieses Buch bietet, und nutzen Sie es als Werkzeug, um Ihre finanzielle Zukunft in die Hand zu nehmen.

Ich wünsche Ihnen auf Ihrem Weg zu einem besseren finanziellen Leben viel Erfolg und hoffe, dass dieses Buch Ihnen wertvolle Einsichten und Inspirationen bietet.

Ihr,

Roul Inblich.

KAPITEL I

Überschuldung Und Begrifflichkeiten Zur Privatinsolvenz

Willkommen zum ersten Kapitel, Hier behandeln wir das Thema Überschuldung und wichtige Begriffe der Privatinsolvenz. Wir beleuchten die Schuldenspirale und deren Auswirkungen. Zudem erklären wir die relevanten Begriffe wie Privatinsolvenz, Insolvengericht, Treuhänder, Restschuldbefreiung und Wohlverhaltensphase. Lernen Sie die Grundlagen kennen, um Ihre finanzielle Situation besser einschätzen zu können.

DER WEG ZUR FINANZIELLEN NEUORIENTIERUNG

Die Privatinsolvenz ist ein Schritt, den viele Menschen in finanzieller Notlage gehen, um ihre Schuldenlast zu bewältigen und einen Neuanfang zu ermöglichen. In dem Kapitel "Der Weg zur finanziellen Neuorientierung" widme ich mich diesem komplexen Thema und erläutere die wichtigsten Begrifflichkeiten, die mit der Privatinsolvenz einhergehen. Von der Insolvenzantragstellung über den Treuhänder bis hin zur Restschuldbefreiung werden wir gemeinsam die Schlüsselkonzepte erforschen, die für jeden, der mit finanziellen Schwierigkeiten kämpft, von entscheidender Bedeutung sind. Tauchen wir ein in die Welt der Privatinsolvenz und ergründen wir die Grundlagen, um einen soliden Grundstein für eine schuldenfreie Zukunft zu legen.

DIE VORTEILE EINER PRIVATINSOLVENZ

Die Privatinsolvenz ist ein rechtlicher Prozess, der es einer Privatperson ermöglicht, sich von ihren Schulden zu befreien und einen wirtschaftlichen Neuanfang zu starten. Obwohl der Gedanke an eine Insolvenz oft mit negativen Assoziationen verbunden ist, gibt es viele Fälle, in denen es sinnvoll und schlau sein kann, eine Privatinsolvenz anzumelden. In diesem Kapitel werden wir die Vorteile einer Privatinsolvenz beleuchten und auch auf die Bedeutung der Pfändungsfreigrenzen eingehen.

1. Schuldenerlass: Ein entscheidender Vorteil der Privatinsolvenz ist die Möglichkeit, einen Großteil der Schulden zu erlassen. Dies bedeutet, dass eine Person, die sich in einer finanziell ausweglosen Lage befindet, die Chance erhält, einen Großteil oder sogar die gesamten Schulden abzuschreiben. Dieser Schuldenerlass ermöglicht es den Betroffenen, von der finanziellen Last befreit zu werden und einen Neuanfang zu wagen.

2. Schuldenregulierung: Eine Privatinsolvenz bietet die Möglichkeit, Schulden zu regulieren und in einem geordneten Verfahren abzuzahlen. Durch einen Insolvenzplan, der in Zusammenarbeit mit einem Insolvenzverwalter erstellt wird, können die Schulden nach den individuellen finanziellen Möglichkeiten des Schuldners strukturiert und abgetragen werden. Dies ermöglicht eine geordnete und realistische Rückzahlung der Schulden.

3. Schutz vor Zwangsvollstreckungen: Während einer Privatinsolvenz werden Zwangsvollstreckungen gestoppt.

Dies bedeutet, dass Gläubiger nicht mehr in der Lage sind, Vermögenswerte des Schuldners zu pfänden. Dieser Schutz bietet den Schuldnerinnen und Schuldnern eine Atempause, um ihre finanzielle Situation zu regeln, ohne dabei ständig unter dem Druck der Gläubiger zu stehen.

4. Keine lebenslangen Schulden: Ein weiterer wichtiger Aspekt der Privatinsolvenz ist, dass sie den Betroffenen die Möglichkeit gibt, nach einer gewissen Zeit von ihren Schulden befreit zu werden. In den meisten Fällen beträgt die Dauer einer Privatinsolvenz drei Jahre. Nach Ablauf dieser Zeit werden die verbliebenen Schulden erlassen. Dies ermöglicht den Schuldnern, sich von ihrer finanziellen Vergangenheit zu lösen und einen neuen finanziellen Start zu machen.

BEDEUTUNG DER PFÄNDUNGSFREIGRENZEN

Die Bedeutung der Pfändungsfreigrenze liegt darin, dass sie den Schuldnerinnen und Schuldnern einen gewissen Schutz vor Pfändungen bietet und sicherstellt, dass sie über ausreichendes Einkommen und Vermögen verfügen, um ihren Lebensunterhalt bestreiten zu können. Die Pfändungsfreigrenze soll verhindern, dass Schuldnerinnen und Schuldner vollständig mittellos werden und ihnen die Möglichkeit geben, zumindest das Existenzminimum zu sichern.

Die konkrete Höhe der Pfändungsfreigrenze hängt von verschiedenen Faktoren ab, wie beispielsweise dem Familienstand, der Anzahl der unterhaltsberechtigten Personen und eventuellen gesetzlichen Unterhaltspflichten. Im Folgenden sind einige Beispiele für den Mindestselbstbehalt, also den Betrag, der vor Pfändungen geschützt ist, aufgeführt:

1. Alleinstehende Person ohne unterhaltsberechtigte Personen: Grundfreibetrag: Derzeit (Stand 2023) beträgt der monatliche Grundfreibetrag in Deutschland 1.339,99 Euro. Dieser Betrag ist vor Pfändungen geschützt und steht dem Schuldner als Existenzminimum zur Verfügung.

2. Personen mit Ehepartner oder eingetragener Lebenspartnerschaft: Ehepartner/Lebenspartner: Wenn der Schuldner verheiratet ist oder in einer eingetragenen Lebenspartnerschaft lebt, erhöht sich der geschützte Betrag. Der Mindestselbstbehalt für den Schuldner beträgt dann

1.839,99 Euro monatlich. Hinzu kommen weitere Freibeträge für den Ehepartner bzw. Lebenspartner und eventuelle unterhaltsberechtigte Kinder.

3. Personen mit Kindern: Unterhaltsberechtigte Kinder: Für jedes unterhaltsberechtigte Kind erhöht sich der geschützte Betrag weiter. Der genaue Betrag variiert je nach Alter der Kinder und anderen Faktoren.

Es ist wichtig anzumerken, dass die genannten Beträge lediglich als Beispiel dienen und sich im Laufe der Zeit ändern können. Die Pfändungsfreigrenzen werden regelmäßig angepasst, um der aktuellen wirtschaftlichen Situation gerecht zu werden.

Die Pfändungsfreigrenzen spielen eine entscheidende Rolle bei der Privatinsolvenz, da sie sicherstellen, dass Schuldnerinnen und Schuldner während des Insolvenzverfahrens über ausreichende finanzielle Mittel verfügen, um ihre Grundbedürfnisse zu decken und einen Neuanfang zu ermöglichen.

DIE INTELLIGENTE ENTSCHEIDUNG

Privatinsolvenz Bei Einkommen Unter Der Pfändungsfreigrenze Oder Geringer Pfändungsbetrag Im Verhältnis Zu Den Schulden

Die Anmeldung einer Privatinsolvenz ist oft ein Schritt, der mit Bedenken und Unsicherheiten verbunden ist. Jedoch kann es in bestimmten Fällen äußerst intelligent sein, eine Privatinsolvenz anzumelden, insbesondere wenn das Einkommen unterhalb der Pfändungsfreigrenze liegt oder nur ein geringer Teil gepfändet wird, der in keinem angemessenen Verhältnis zu den abzutragenden Schulden steht. In diesem Kapitel werden wir erläutern, warum es in solchen Situationen eine kluge Entscheidung ist, die Privatinsolvenz zu wählen.

1. Befreiung von Schuldenlast:
Die Anmeldung einer Privatinsolvenz bietet die Möglichkeit, sich von einer erdrückenden Schuldenlast zu befreien. Wenn das Einkommen unter der Pfändungsfreigrenze liegt oder nur ein geringer Teil gepfändet wird, kann es äußerst schwierig sein, die Schulden in einem angemessenen Zeitrahmen abzutragen. Durch die Privatinsolvenz wird eine geordnete und realistische Rückzahlung der Schulden ermöglicht, die im Verhältnis zum Einkommen steht.

2. Schutz vor weiteren Vollstreckungsmaßnahmen:
Die Anmeldung einer Privatinsolvenz stoppt nicht nur die aktuellen Zwangsvollstreckungsmaßnahmen, sondern schützt auch vor weiteren Forderungen und Pfändungen. Wenn das

Einkommen unter der Pfändungsfreigrenze liegt oder nur ein geringer Teil gepfändet wird, ist es ratsam, diesen Schutz in Anspruch zu nehmen, um finanzielle Stabilität zu erlangen und zukünftige Belastungen zu verhindern.

3. Zeitlicher Vorteil:
Durch die Anmeldung einer Privatinsolvenz wird eine klare Zeitspanne festgelegt, innerhalb derer die Schulden abgetragen werden können. Bei einem Einkommen unter der Pfändungsfreigrenze oder einem geringen Pfändungsbetrag im Verhältnis zu den Schulden kann es viele Jahre dauern, bis die Verbindlichkeiten beglichen sind. Eine Privatinsolvenz ermöglicht eine strukturierte Abzahlung innerhalb eines überschaubaren Zeitrahmens, oft zwischen drei und sechs Jahren.

Fazit:

Es ist eine intelligente Entscheidung, eine Privatinsolvenz anzumelden, wenn das Einkommen unterhalb der Pfändungsfreigrenze liegt oder nur ein geringer Teil gepfändet wird, der in keinem angemessenen Verhältnis zu den abzutragenden Schulden steht. Die Privatinsolvenz bietet die Chance, sich von der Schuldenlast zu befreien, vor weiteren Vollstreckungsmaßnahmen geschützt zu sein und innerhalb eines festgelegten Zeitrahmens eine geordnete Rückzahlung zu ermöglichen. Es ist wichtig, professionellen Rat einzuholen und die individuelle finanzielle Situation zu prüfen.

DIE SCHULDENFALLE

Die Schuldenfalle ist ein Zustand, in dem eine Person immer tiefer in Schulden gerät und Schwierigkeiten hat, diese zurückzuzahlen. Oftmals entsteht die Schuldenfalle durch eine Kombination verschiedener Faktoren.
Ein Hauptgrund für das Hineingeraten in die Schuldenfalle ist unkontrolliertes Ausgeben und übermäßiger Konsum. Menschen können in Versuchung geraten, mehr Geld auszugeben als sie haben, indem sie Kredite oder Kreditkarten verwenden, um ihren Lebensstil aufrechtzuerhalten. Dies führt zu einem stetigen Anstieg der Schulden, da die monatlichen Ratenzahlungen und Zinsen hinzukommen.

Ein weiterer Faktor ist ein Mangel an finanzieller Bildung und Budgetierung. Viele Menschen haben nie gelernt, wie man effektiv mit Geld umgeht und ein Budget erstellt. Dadurch fehlt ihnen das Bewusstsein für ihre Einnahmen und Ausgaben, was zu einer schlechten finanziellen Planung führt und die Wahrscheinlichkeit erhöht, dass sie in Schulden geraten.

Ein zusätzlicher Grund für den Übergang von der Schuldenfalle in die Schuldenspirale ist die Kumulation von Zahlungsverpflichtungen. Wenn eine Person ihre Schulden nicht rechtzeitig begleicht, können sich Verzugszinsen, Mahngebühren und weitere Gebühren ansammeln. Dadurch steigt die Gesamtverschuldung noch weiter an und es wird noch schwieriger, aus diesem Teufelskreis auszubrechen.

Ein weiterer Aspekt, der oft zur Verschärfung der Schuldenprobleme beiträgt, ist der Verlust des Einkommens oder unerwartete Ausgaben wie medizinische Notfälle oder Arbeitslosigkeit. Diese unvorhergesehenen Ereignisse können dazu führen, dass Menschen ihre finanzielle Stabilität verlieren und noch tiefer in die Schulden geraten.

Es ist wichtig zu verstehen, dass die Schuldenfalle und die Schuldenspirale eine ernsthafte Belastung darstellen, die nicht einfach zu überwinden ist. Ein bewusster Umgang mit Geld, eine solide finanzielle Bildung und die frühzeitige Erkennung von Warnsignalen können dazu beitragen, das Risiko einer Schuldenfalle zu minimieren und den Weg zu einer schuldenfreien Zukunft einzuschlagen.

Die Schuldenspierale

In unserer heutigen Gesellschaft ist die Verschuldung zu einer weit verbreiteten Problematik geworden. Eine besonders bedrohliche Form der Verschuldung ist die sogenannte Schulden Spirale. Doch was genau verbirgt sich hinter diesem Begriff, wie erkennt man persönlich, ob man sich in einer solchen Spirale befindet, und welche Auswege stehen einem offen?

Die Schulden Spirale beschreibt eine Situation, in der eine Person durch eine Vielzahl von Faktoren immer tiefer in Schulden gerät und Schwierigkeiten hat, diese abzubauen. Anstatt Schulden zu begleichen, werden weitere Schulden aufgenommen, um die bestehenden Verbindlichkeiten zu decken. Dadurch nimmt die Gesamtverschuldung kontinuierlich zu, während die finanzielle Belastung immer erdrückender wird.

Die Erkennung, ob man sich in einer Schulden Spirale befindet, erfordert eine ehrliche und kritische Selbstreflexion der eigenen finanziellen Situation. Ein deutliches Warnzeichen ist, wenn man regelmäßig den Überblick über seine Schulden verliert und Schwierigkeiten hat, die monatlichen Ratenzahlungen zu leisten. Zudem können ständig steigende Kreditkartenschulden, Zahlungsverzug bei Rechnungen oder der regelmäßige Einsatz von Krediten zur Finanzierung des täglichen Lebens auf eine Schulden Spirale hindeuten.

Es gibt jedoch Auswege aus dieser belastenden Situation. Der erste Schritt besteht darin, die eigene finanzielle Situation realistisch einzuschätzen und einen Überblick über alle bestehenden Schulden zu gewinnen. Eine genaue Aufstellung aller Verbindlichkeiten und Einnahmen ist unerlässlich, um den Umfang des Problems zu erfassen.

Ein weiterer Ausweg aus der Schulden Spirale besteht

darin, professionelle Hilfe in Anspruch zu nehmen. Eine Schuldnerberatung oder ein Finanzexperte kann dabei unterstützen, einen individuellen Schuldenabbau-Plan zu erstellen und mit Gläubigern zu verhandeln, um möglicherweise günstigere Rückzahlungskonditionen zu erhalten.

Eine weitere Möglichkeit, der Schulden Spirale zu entkommen, besteht darin, das eigene Konsumverhalten zu überdenken und eine strikte Budgetierung vorzunehmen. Es gilt, unnötige Ausgaben zu minimieren, Ausgabengewohnheiten zu ändern und gezielt Schulden abzubauen.

In manchen Fällen kann es notwendig sein, eine Privatinsolvenz in Erwägung zu ziehen. Eine Privatinsolvenz bietet die Möglichkeit, seine Schulden innerhalb eines festgelegten Zeitraums abzubauen und am Ende eine Restschuldbefreiung zu erlangen. Diese Option sollte jedoch gut überlegt sein und sollte in Zusammenarbeit mit einem Insolvenzberater oder Anwalt erfolgen.

Es ist wichtig zu betonen, dass der Ausweg aus der Schulden Spirale Zeit, Geduld und Disziplin erfordert. Es ist keine leichte Aufgabe, sich aus dieser belastenden Situation zu befreien. Es bedarf einer gründlichen Analyse der finanziellen Verhältnisse.

DIE PRIVATINSOLVENZ

Die Privatinsolvenz, auch bekannt als Verbraucherinsolvenz oder private Insolvenz, ist ein rechtlicher Prozess, der es einer stark verschuldeten Privatperson ermöglicht, ihre Schulden zu regeln und einen Neuanfang zu machen. Sie dient als letzter Ausweg für Menschen, die außerstande sind, ihre finanziellen Verbindlichkeiten zu erfüllen.

Während der Privatinsolvenz wird ein Insolvenzverfahren eröffnet, das vom Insolvenzgericht überwacht wird. Die Person, die den Antrag stellt (der Schuldner), muss nachweisen, dass sie zahlungsunfähig ist und dass keine Aussicht auf Besserung besteht. Der Schuldner ist verpflichtet, alle seine Vermögenswerte offenzulegen, um die Gläubiger zu befriedigen.

Das Insolvenzverfahren umfasst in der Regel eine Wohlverhaltensperiode von drei Jahren, in der der Schuldner einen Teil seines verfügbaren Einkommens an einen Treuhänder abgeben muss. Der Treuhänder verwaltet diese Gelder und verteilt sie unter den Gläubigern gemäß einer festgelegten Rangordnung. Am Ende der Wohlverhaltensperiode kann dem Schuldner unter bestimmten Voraussetzungen eine Restschuldbefreiung gewährt werden, was bedeutet, dass die verbleibenden Schulden erlassen werden.

Ein Insolvenzgericht ist ein spezialisiertes Gericht, das für die Durchführung und Überwachung von Insolvenzverfahren zuständig ist. Es handelt sich um eine Abteilung des ordentlichen Gerichts, die auf Insolvenz- und Schuldner-Gläubiger-Verfahren spezialisiert ist.

DAS INSOLVENZGERICHT

Das Insolvenzgericht hat die Aufgabe, Anträge auf Insolvenzverfahren entgegenzunehmen, zu prüfen und darüber zu entscheiden. Es prüft die Voraussetzungen für die Insolvenzeröffnung, wie beispielsweise die Zahlungsunfähigkeit oder Überschuldung des Schuldners. Das Gericht überwacht den gesamten Ablauf des Insolvenzverfahrens und stellt sicher, dass die rechtlichen Bestimmungen eingehalten werden.

Zu den weiteren Aufgaben des Insolvenzgerichts gehört die Bestellung und Überwachung des Insolvenzverwalters oder Treuhänders, der die Vermögensmasse des Schuldners verwaltet und die Gläubiger befriedigt. Das Gericht überprüft auch die vorgelegten Berichte und Abrechnungen des Insolvenzverwalters und kann Anordnungen oder Entscheidungen treffen, um den Verlauf des Verfahrens zu lenken.

Das Insolvenzgericht ist auch für die Durchführung von Gläubigerversammlungen zuständig, bei denen die Interessen der Gläubiger vertreten werden. Darüber hinaus kann das Gericht in bestimmten Fällen auch über die Restschuldbefreiung entscheiden, die dem Schuldner am Ende des Insolvenzverfahrens gewährt werden kann.
Es ist wichtig anzumerken, dass die genauen Zuständigkeiten und Verfahrensregeln des Insolvenzgerichts je nach Land und Rechtssystem variieren können. In einigen Ländern kann es spezielle Insolvenzgerichte geben, während in anderen Ländern die Insolvenzverfahren von allgemeinen Zivilgerichten abgewickelt werden.

TREUHÄNDER UND INSOLVENZVERWALTER

Ein Treuhänder oder Insolvenzverwalter ist eine neutrale und unabhängige Person, die im Rahmen eines Insolvenzverfahrens eingesetzt wird, um das Vermögen des Schuldners zu verwalten und die Interessen der Gläubiger zu vertreten. Der Treuhänder oder Insolvenzverwalter übernimmt die Verantwortung für die Abwicklung des Insolvenzverfahrens und hat die Aufgabe, die Vermögensmasse des Schuldners zu sichern, zu verwalten und zu verwerten.

Die genauen Befugnisse und Zuständigkeiten des Treuhänders oder Insolvenzverwalters werden durch das Insolvenzrecht festgelegt und können je nach Land und Rechtssystem unterschiedlich sein. Im Allgemeinen umfassen die Aufgaben des Treuhänders oder Insolvenzverwalters:

1. Bestandsaufnahme und Verwaltung des Vermögens:
Der Treuhänder erfasst alle Vermögenswerte des Schuldners, darunter Immobilien, Fahrzeuge, Bankkonten und andere Wertgegenstände. Er sorgt für die Verwahrung und Verwaltung dieser Vermögenswerte während des Insolvenzverfahrens.

2. Verwertung der Vermögenswerte:
Der Treuhänder kann Vermögenswerte des Schuldners verkaufen oder anderweitig verwerten, um die Gläubiger zu befriedigen. Der erzielte Erlös wird nach einer festgelegten Rangordnung unter den Gläubigern aufgeteilt.

3. Überprüfung der Forderungen der Gläubiger:

Der Treuhänder prüft die angemeldeten Forderungen
der Gläubiger und entscheidet über deren Anerkennung
oder Ablehnung. Er nimmt auch Stellung zu möglichen
Anfechtungsrechten gegenüber bestimmten Gläubigern, wenn
diese im Verdacht stehen, unzulässige Zahlungen erhalten zu
haben.

4. Berichterstattung und Rechenschaftslegung:
Der Treuhänder erstellt regelmäßige Berichte über den Fortgang
des Insolvenzverfahrens und legt diese dem Insolvenzgericht
vor. Er rechnet detailliert über Einnahmen, Ausgaben und
getroffene Maßnahmen ab und informiert die Gläubiger über
den Stand des Verfahrens.

Der Treuhänder oder Insolvenzverwalter hat die Pflicht, die
Interessen aller Beteiligten - sowohl des Schuldners als auch
der Gläubiger - zu wahren und eine gerechte Verteilung der
verfügbaren Mittel sicherzustellen. Er arbeitet eng mit dem
Insolvenzgericht zusammen und unterliegt einer strengen
Überwachung, um sicherzustellen, dass das Insolvenzverfahren
ordnungsgemäß durchgeführt wird.

DIE GLÄUBIGERVERSAMMLUNG

Die Gläubigerversammlung ist eine Zusammenkunft aller Gläubiger eines Schuldners im Rahmen eines Insolvenzverfahrens. Sie dient dazu, die Interessen der Gläubiger zu vertreten und über wichtige Angelegenheiten im Zusammenhang mit dem Insolvenzverfahren zu entscheiden.

Die Gläubigerversammlung wird in der Regel vom Insolvenzgericht einberufen und von einem Treuhänder oder Insolvenzverwalter geleitet. Sie findet zu bestimmten Zeitpunkten während des Insolvenzverfahrens statt, in der Regel zu Beginn des Verfahrens und gegebenenfalls zu wichtigen Meilensteinen oder Entscheidungen.

Während der Gläubigerversammlung haben die Gläubiger die Möglichkeit, ihre Forderungen anzumelden und diese zu diskutieren. Der Treuhänder oder Insolvenzverwalter informiert die Gläubiger über den Stand des Insolvenzverfahrens, insbesondere über die finanzielle Situation des Schuldners, den Verwertungsprozess von Vermögenswerten und die geplanten Verteilungen an die Gläubiger.

Die Gläubigerversammlung bietet den Gläubigern die Gelegenheit, Fragen zu stellen, Informationen anzufordern und Einfluss auf bestimmte Entscheidungen zu nehmen. Je nach Land und Rechtssystem können während der Versammlung auch Abstimmungen über wichtige Fragen, wie zum Beispiel die Bestätigung eines Insolvenzplans, stattfinden. Die Entscheidungen der Gläubigerversammlung sind in der Regel bindend und haben Auswirkungen auf den weiteren Verlauf des

Insolvenzverfahrens.

Es ist wichtig zu beachten, dass die genauen Modalitäten der Gläubigerversammlung je nach Rechtssystem unterschiedlich sein können. Einige Länder haben spezifische Gesetze und Regelungen, die den Ablauf und die Rechte der Gläubiger regeln. In jedem Fall bietet die Gläubigerversammlung den Gläubigern die Möglichkeit, aktiv am Insolvenzverfahren teilzunehmen und ihre Interessen zu vertreten.

DIE RESTSCHULDBEFREIUNG

Die Restschuldbefreiung ist ein rechtlicher Mechanismus im Rahmen eines Insolvenzverfahrens, der es einem Schuldner ermöglicht, nach Abschluss des Verfahrens von verbleibenden Schulden befreit zu werden. Es handelt sich um eine Art "Neuanfang", bei dem die Schuldenlast erheblich reduziert oder komplett erlassen wird.

Die Restschuldbefreiung wird in der Regel am Ende der Wohlverhaltensperiode gewährt, sofern bestimmte Voraussetzungen erfüllt sind. Während dieser Zeit muss der Schuldner seinen pfändbaren Teil seines Einkommens an den Treuhänder abgeben und bestimmte Verhaltenspflichten erfüllen, wie beispielsweise die Offenlegung seiner finanziellen Verhältnisse und die Mitwirkung bei der Schuldenregulierung.

Die genauen Voraussetzungen für die Restschuldbefreiung variieren je nach Land und Rechtssystem. In der Regel müssen jedoch folgende Bedingungen erfüllt sein:

1. Erfolgreiche Durchführung der Wohlverhaltensperiode: Der Schuldner muss die Wohlverhaltensperiode ohne Verstoß gegen die gesetzlichen Verpflichtungen und ohne Probleme abgeschlossen haben.

2. Tilgung der Verfahrenskosten und bestimmter Forderungen: Der Schuldner muss die Verfahrenskosten sowie bestimmte privilegierte Forderungen, wie beispielsweise Unterhaltsverpflichtungen, beglichen haben.

3. Kein Verschulden an der Insolvenz: Der Schuldner

darf nicht vorsätzlich oder grob fahrlässig zur Insolvenz beigetragen haben, beispielsweise durch falsche Angaben oder Vermögensverschleierung.

Es ist wichtig zu beachten, dass die Restschuldbefreiung nicht automatisch gewährt wird und dass es Ausnahmen und Einschränkungen geben kann. In einigen Fällen können bestimmte Schulden von der Restschuldbefreiung ausgeschlossen sein, wie beispielsweise Steuerschulden, Schulden aus vorsätzlich begangenen Straftaten oder Schadensersatzansprüche.

Darüber hinaus kann die Restschuldbefreiung in bestimmten Fällen versagt oder widerrufen werden, wenn der Schuldner seine Verpflichtungen nicht erfüllt oder falsche Angaben macht. Dies kann beispielsweise der Fall sein, wenn der Schuldner Vermögen verschweigt, Vermögenswerte verheimlicht oder seine Mitwirkungspflichten nicht erfüllt.

Es ist ratsam, sich bezüglich der genauen Bedingungen und möglichen Ausnahmen zur Restschuldbefreiung an einen Insolvenzberater oder Anwalt zu wenden, da diese von Land zu Land unterschiedlich sein können.

DIE WOHLVERHALTENSPHASE

Die Wohlverhaltensphase ist ein wesentlicher Bestandteil der Privatinsolvenz oder des Verbraucherinsolvenzverfahrens. Sie ist eine bestimmte Zeitspanne, während der der Schuldner seine finanziellen Verhältnisse ordnen und bestimmte Verhaltenspflichten erfüllen muss.

Die Dauer der Wohlverhaltensphase kann je nach Land und Rechtssystem variieren, beträgt jedoch in der Regel drei Jahre. Während dieser Zeit hat der Schuldner die Verpflichtung, den pfändbaren Teil seines Einkommens an den Treuhänder abzuführen. Der Treuhänder verwaltet diese Gelder und verwendet sie zur Befriedigung der Gläubiger gemäß einer festgelegten Rangordnung.

Zu den Verhaltenspflichten während der Wohlverhaltensphase gehören in der Regel:

1. Offenlegung der finanziellen Verhältnisse:
Der Schuldner ist verpflichtet, dem Treuhänder alle relevanten Informationen über seine finanzielle Situation zur Verfügung zu stellen. Dazu gehören beispielsweise Einkommensnachweise, Kontoauszüge und Angaben zu Vermögenswerten.

2. Mitwirkung bei der Schuldenregulierung:
Der Schuldner muss aktiv mit dem Treuhänder zusammenarbeiten, um mögliche Vermögenswerte zu identifizieren und zu verwerten, um die Gläubiger zu befriedigen. Dazu kann auch die Suche nach einer angemessenen Erwerbstätigkeit gehören, um die Einkommensabgaben zu leisten.

3. Meldepflicht:
Der Schuldner muss dem Treuhänder regelmäßig Berichte über seine finanzielle Situation und Veränderungen seiner Einkommens- und Vermögensverhältnisse vorlegen.

4. Einhaltung bestimmter Beschränkungen:
Während der Wohlverhaltensphase kann es bestimmte Beschränkungen geben, wie beispielsweise Einschränkungen bei der Kreditaufnahme oder der Gründung eines neuen Unternehmens, ohne vorherige Zustimmung des Treuhänders oder des Insolvenzgerichts.

Fazit

Wenn der Schuldner alle Verhaltenspflichten während der Wohlverhaltensphase erfüllt hat und die anderen Voraussetzungen für die Restschuldbefreiung erfüllt sind, kann am Ende der Phase eine Restschuldbefreiung gewährt werden. Dies bedeutet, dass die verbleibenden Schulden des Schuldners erlassen werden.

Es ist wichtig zu beachten, dass die genauen Bestimmungen und Verpflichtungen während der Wohlverhaltensphase je nach Land und Rechtssystem unterschiedlich sein können. Es ist ratsam, sich an einen Insolvenzberater oder Anwalt zu wenden, um eine individuelle Beratung und Informationen zu den spezifischen Anforderungen in der jeweiligen Jurisdiktion zu erhalten.

KAPITEL II

Im zweiten Kapitel widmen wir uns dem Insolvenzantrag
und den damit verbundenen Schritten. Wir betrachten,
welche Schulden als insolvenzfähig gelten und welche
Voraussetzungen erfüllt sein müssen, um einen
Insolvenzantrag stellen zu können. Zudem betrachten wir
die Rolle des Insolvenzanwalts oder der Schuldnerberatung
und wie sie Ihnen bei Ihrem Insolvenzverfahren helfen
können. Abschließend betrachten wir auch die Rolle des
Gerichtsvollziehers und welche Auswirkungen er auf den
Insolvenzprozess haben kann.

DER INSOLVENZANTRAG

Ein Insolvenzantrag ist ein formeller Antrag, der bei einem Insolvenzgericht gestellt wird, um ein Insolvenzverfahren einzuleiten. Der Antrag kann von einem Schuldner oder einem Gläubiger gestellt werden, wenn der Schuldner zahlungsunfähig ist oder seine Zahlungsverpflichtungen nicht mehr erfüllen kann.

Ein Insolvenzantrag wird eingereicht, wenn die finanzielle Situation eines Schuldners so schlecht ist, dass er nicht in der Lage ist, seine Schulden zu begleichen. Der Antrag enthält Informationen über die finanzielle Lage des Schuldners, seine Gläubiger und die Höhe der Schulden.

Es gibt zwei Arten von Insolvenzanträgen:

1. Der Eigenantrag

Der Schuldner stellt den Insolvenzantrag selbst. Dies geschieht in der Regel, wenn der Schuldner erkennt, dass er zahlungsunfähig ist und keine Aussicht auf Besserung besteht. Mit dem Eigenantrag kann der Schuldner das Insolvenzverfahren einleiten und eine geordnete Abwicklung seiner Schulden erreichen.

2. Der Gläubigerantrag

Ein Gläubiger des Schuldners stellt den Insolvenzantrag.
Dies geschieht, wenn der Gläubiger feststellt, dass der
Schuldner zahlungsunfähig ist und nicht in der Lage ist, seine
Verbindlichkeiten zu erflüllen.

Mit dem Gläubigerantrag kann der Gläubiger das
Insolvenzverfahren erzwingen und seine Forderungen im
Rahmen des Verfahrens geltend machen.

Der Insolvenzantrag markiert den offiziellen Beginn des
Insolvenzverfahrens. Nach Einreichung des Antrags wird
das Insolvenzgericht das Verfahren eröffnen und einen
Insolvenzverwalter oder Treuhänder zur Verwaltung der
Insolvenzmasse ernennen. Der Insolvenzantrag ermöglicht es
dem Schuldner, seine finanzielle Situation zu klären und mit
den Gläubigern eine geordnete Regelung zu treffen.

Es ist wichtig zu beachten, dass die genauen Anforderungen
und Verfahren für einen Insolvenzantrag je nach Land und
Rechtssystem unterschiedlich sein können. Es wird empfohlen,
professionellen Rat von einem Insolvenzberater oder Anwalt
einzuholen, um den Antragsprozess korrekt und gemäß den
rechtlichen Bestimmungen durchzuführen.

INSOLVENZFÄHIGE SCHULDEN

Insolvenzfähige Schulden sind Schulden, die im Rahmen eines Insolvenzverfahrens behandelt werden können. Das bedeutet, dass diese Schulden durch die Einleitung eines Insolvenzverfahrens entweder erlassen oder in einem geordneten Verfahren reguliert werden können.

Insolvenzfähige Schulden umfassen in der Regel ungesicherte Verbindlichkeiten wie Kreditkartenschulden, persönliche Darlehen, medizinische Rechnungen, offene Rechnungen für Dienstleistungen oder Einkäufe sowie bestimmte Arten von Geschäftsschulden. Diese Schulden sind nicht mit besonderen Vermögenswerten oder Sicherheiten verbunden, die den Gläubigern einen direkten Anspruch auf diese Vermögenswerte gewähren.

Im Insolvenzverfahren werden insolvenzfähige Schulden im Rahmen der Schuldenregulierung behandelt. Je nach Art des Insolvenzverfahrens und den geltenden Gesetzen können diese Schulden entweder erlassen oder in einem Insolvenzplan neu strukturiert werden. Bei einer erfolgreichen Restschuldbefreiung im Rahmen eines Insolvenzverfahrens werden insolvenzfähige Schulden in der Regel erlassen, was bedeutet, dass der Schuldner von der Verpflichtung befreit wird, diese Schulden zu begleichen.

Es ist wichtig zu beachten, dass nicht alle Schulden insolvenzfähig sind. Bestimmte Arten von Schulden, wie zum Beispiel gesicherte Schulden, Steuerschulden, Unterhaltszahlungen oder Schulden aus vorsätzlich begangenen Straftaten, können in der Regel nicht im Rahmen eines Insolvenzverfahrens erlassen oder reguliert werden.

Die genauen Regeln und Bedingungen für die Behandlung insolvenzfähiger Schulden können je nach Land und Rechtssystem unterschiedlich sein. Es wird empfohlen, sich an einen Insolvenzberater oder Anwalt zu wenden, um eine individuelle Beratung zu erhalten und Informationen über die spezifischen Schulden und Möglichkeiten im Rahmen eines Insolvenzverfahrens zu erhalten.

DER INSOLVENZANWALT

Ein Insolvenzanwalt ist ein Rechtsanwalt, der sich auf das Insolvenzrecht spezialisiert hat und Mandanten in insolvenzrechtlichen Angelegenheiten vertritt. Seine Hauptaufgabe besteht darin, die Interessen seiner Mandanten im Insolvenzverfahren zu vertreten und sie bei sämtlichen rechtlichen Belangen zu unterstützen.

Die Tätigkeiten eines Insolvenzanwalts umfassen unter anderem:

1. Beratung und Prüfung:
Der Insolvenzanwalt berät seine Mandanten umfassend über die rechtlichen und finanziellen Auswirkungen eines Insolvenzverfahrens. Er prüft die individuelle Situation des Mandanten, um festzustellen, ob eine Insolvenz tatsächlich die beste Lösung ist oder ob alternative Optionen in Betracht gezogen werden sollten.

2. Antragsstellung:
Der Insolvenzanwalt unterstützt den Mandanten bei der Erstellung und Einreichung des Insolvenzantrags beim zuständigen Insolvenzgericht. Er sorgt dafür, dass alle erforderlichen Unterlagen und Informationen vollständig und korrekt eingereicht werden.

3. Vertretung vor Gericht:
Der Insolvenzanwalt vertritt den Mandanten vor dem Insolvenzgericht und anderen Behörden im Rahmen des Insolvenzverfahrens. Er stellt sicher, dass die Rechte und Interessen des Mandanten gewahrt werden und dass

das Verfahren gemäß den gesetzlichen Bestimmungen durchgeführt wird.

4. Gläubigerverhandlungen:
Der Insolvenzanwalt verhandelt im Namen des Mandanten mit den Gläubigern, um alternative Rückzahlungsvereinbarungen oder außergerichtliche Einigungen zu erzielen. Er setzt sich für die Interessen des Mandanten ein und versucht, eine für alle Parteien akzeptable Lösung zu finden.

5. Insolvenzplan:
Falls erforderlich, unterstützt der Insolvenzanwalt bei der Erstellung eines Insolvenzplans. Dieser Plan legt die Bedingungen für die Schuldenregulierung und den Zeitrahmen fest und muss von den Gläubigern und dem Insolvenzgericht genehmigt werden.

6. Rechtsberatung:
Der Insolvenzanwalt steht dem Mandanten während des gesamten Insolvenzverfahrens als rechtlicher Berater zur Seite. Er beantwortet Fragen, klärt rechtliche Aspekte und unterstützt den Mandanten bei allen rechtlichen Angelegenheiten im Zusammenhang mit der Insolvenz.

Fazit

Die Dienstleistungen eines Insolvenzanwalts sind besonders wichtig, da das Insolvenzverfahren komplex sein kann und erhebliche Auswirkungen auf die finanzielle Zukunft des Mandanten hat. Ein kompetenter Insolvenzanwalt hilft dabei, die Rechte des Mandanten zu schützen, eine geordnete Abwicklung des Verfahrens sicherzustellen und gegebenenfalls alternative Lösungen zu prüfen.

DIE SCHULDENBERATUNG

Eine Schuldenberatung ist ein professioneller Service, der Menschen mit finanziellen Problemen dabei unterstützt, ihre Schulden zu bewältigen und langfristig eine gesunde finanzielle Situation wiederherzustellen. Sie bietet Beratung, Unterstützung und praktische Lösungsansätze, um Schulden abzubauen, die finanzielle Stabilität wiederzugewinnen und eine Überschuldung zu vermeiden.

Die Dienstleistungen einer Schuldenberatung können folgendes umfassen:

1. Finanzielle Analyse:
Die Schuldenberatung beginnt oft mit einer umfassenden finanziellen Analyse der individuellen Situation. Dabei werden Einnahmen, Ausgaben, Schulden und Vermögenswerte bewertet, um ein genaues Bild der finanziellen Lage zu erhalten.

2. Budgetplanung:
Auf Grundlage der finanziellen Analyse hilft die Schuldenberatung bei der Erstellung eines realistischen Budgetplans. Dieser Plan berücksichtigt die Einnahmen, Ausgaben und Schulden und dient als Leitfaden für eine bessere finanzielle Organisation.

3. Schuldenmanagement:
Die Schuldenberatung unterstützt bei der Verhandlung mit Gläubigern, der Erstellung eines Schuldenregulierungsplans und der Festlegung von Ratenzahlungen oder anderen Rückzahlungsvereinbarungen. Ziel ist es, die Schuldenlast zu reduzieren und die finanzielle Belastung zu verringern.

4. Finanzielle Bildung:
Eine Schuldenberatung bietet auch finanzielle Bildung und
Schulungen an, um Menschen dabei zu helfen, ihre finanziellen
Fähigkeiten zu verbessern. Dies kann den Umgang mit Geld, das
Verständnis von Krediten und Schulden, das Budgetieren und
andere wichtige finanzielle Aspekte umfassen.

5. Emotionaler und psychologischer Support:
Schulden können eine erhebliche emotionale Belastung
verursachen. Schuldenberater bieten daher auch Unterstützung
bei der Bewältigung von Stress, Ängsten und anderen
psychischen Belastungen im Zusammenhang mit finanziellen
Schwierigkeiten.

Schuldenberatungen werden von verschiedenen
Organisationen und Einrichtungen angeboten. Dazu gehören
gemeinnützige Organisationen, Verbraucherzentralen,
Schuldnerberatungsstellen, Banken und Kreditinstitute. Es
gibt auch staatliche Beratungsstellen, die kostenlose oder
kostengünstige Beratungsdienste anbieten.

Die Dienstleistungen einer Schuldenberatung sind darauf
ausgerichtet, Menschen dabei zu helfen, ihre finanzielle
Situation zu verbessern, Schulden abzubauen und langfristige
finanzielle Gesundheit zu erreichen. Durch die Zusammenarbeit
mit erfahrenen Schuldenberatern können Menschen lernen,
wie sie ihre finanziellen Ressourcen effektiv verwalten und eine
nachhaltige Schuldenfreiheit erreichen können.

Rechtzeitige Kontaktaufnahme Mit Einer Schuldnerberatung, Wartezeiten Und Alternative Lösungen

Es ist von großer Bedeutung, sich rechtzeitig an eine Schuldnerberatung zu wenden, wenn man finanzielle Schwierigkeiten hat. Dabei sollte man berücksichtigen, dass es unter Umständen bis zu drei Monate dauern kann, einen Termin zu bekommen. In diesem Abschnitt werden wir erläutern, warum es ratsam ist, frühzeitig eine Schuldnerberatungsstelle zu kontaktieren, sowie auf alternative Lösungen hinweisen, falls es zu Wartezeiten kommt.

1. Frühzeitige Kontaktaufnahme mit einer Schuldnerberatung: Es ist wichtig, sich frühzeitig an eine Schuldnerberatungsstelle zu wenden, sobald man finanzielle Probleme erkennt. Je früher man Unterstützung sucht, desto schneller können geeignete Maßnahmen ergriffen werden, um die Situation zu verbessern. Die Schuldnerberatung bietet professionelle Hilfe und kann individuelle Lösungen und Strategien zur Bewältigung der Schuldenproblematik aufzeigen.

2. Wartezeiten bei Schuldnerberatungsstellen: Es ist zu beachten, dass Schuldnerberatungsstellen aufgrund ihrer hohen Nachfrage oft überlastet sind. Daher kann es bis zu drei Monate dauern, bis ein Termin zur Beratung verfügbar ist. Es ist daher ratsam, sich möglichst frühzeitig zu melden, um lange Wartezeiten zu vermeiden.

3. Alternative Lösungen, der Schein für anwaltliche Unterstützung: Wenn man von der Schuldnerberatungsstelle einen Schein erhält, dass eine rechtzeitige Hilfe nicht möglich ist, gibt es eine alternative Lösung. Wenn man sich von mindestens drei Schuldnerberatungstellen diesen Schein

austellen lassen kann, dass sie einem nicht rechtzeitig helfen können um sich so vom zuständigen Amtsgericht den sogenannten Anwaltskostenhilfeschein ausstellen zu lassen. Dieser Schein berechtigt zur Inanspruchnahme anwaltlicher Unterstützung. Um genauere Informationen zu erhalten, ist es empfehlenswert, das zuständige Amtsgericht telefonisch zu kontaktieren und nachzufragen. Sollte man bereits eine Selbständige Tätigkeit nachgehen oder nachgegangen seien aus der sich weitere Schulden ergeben oder man sich nicht sicher ist, dann ist es möglich sofort den Anwaltskostenhilfeschein von seinem zuständigen Amtsgericht zu bekommen, denn Schuldnerberatungsstellen dürfen einen nicht beraten wen Gewerbeschulden vorhanden sind.

Fazit

Um in finanziellen Schwierigkeiten bestmöglich unterstützt zu werden, ist es essenziell, sich frühzeitig an eine Schuldnerberatungsstelle zu wenden. Aufgrund der hohen Nachfrage kann es jedoch zu Wartezeiten von bis zu drei Monaten kommen. Falls eine rechtzeitige Hilfe seitens der Schuldnerberatung nicht möglich ist, bietet der Anwaltskostenhilfeschein eine alternative Möglichkeit, anwaltliche Unterstützung zu erhalten. Für genauere Informationen sollte man das zuständige Amtsgericht kontaktieren. Es ist ratsam, keine Zeit zu verlieren und sich umgehend um professionelle Unterstützung zu bemühen, um die finanzielle Situation zu verbessern.

DER GERICHTSVOLLZIEHER

Aufgaben Und Funktionen

Der Gerichtsvollzieher ist eine wichtige Person im Rahmen von Zwangsvollstreckungsverfahren. Er wird vom Gericht beauftragt und hat die Aufgabe, die Durchsetzung von titulierten Forderungen und die Realisierung von Pfändungen durchzuführen. In diesem Kapitel werden wir genauer betrachten, was ein Gerichtsvollzieher ist und welche Aufgaben er wahrnimmt.

Ein Gerichtsvollzieher ist ein vom Staat bestellter Beamter, der im Auftrag der Gläubiger tätig wird. Seine Hauptaufgabe besteht darin, Vollstreckungsmaßnahmen durchzuführen, um die Forderungen der Gläubiger zu befriedigen. Der Gerichtsvollzieher ist dabei neutral und unabhängig und handelt im Rahmen der gesetzlichen Bestimmungen.

Die Hauptaufgaben eines Gerichtsvollziehers umfassen die Zustellung von gerichtlichen Schriftstücken, wie zum Beispiel von Vollstreckungsbescheiden, Pfändungs- und Überweisungsbeschlüssen oder Räumungstiteln. Er ist zuständig für die Durchführung von Zwangsvollstreckungsmaßnahmen, wie die Pfändung von Geld, beweglichen Sachen oder die Zwangsräumung von Wohnungen. Darüber hinaus kann der Gerichtsvollzieher auch die Abnahme der Vermögensauskunft (früher: eidesstattliche Versicherung) veranlassen.

Bei seinen Tätigkeiten hat der Gerichtsvollzieher das Recht, Grundstücke und Wohnungen zu betreten. Er darf Gegenstände pfänden und in bestimmten Fällen auch Zwangsmittel wie die Ersatzfreiheitsstrafe anwenden. Dabei ist es seine Aufgabe, die Interessen sowohl der Gläubiger als auch der Schuldner zu wahren und eine faire und rechtmäßige Durchführung der Zwangsvollstreckung sicherzustellen.

Es ist wichtig zu beachten, dass der Gerichtsvollzieher nicht von sich aus tätig wird, sondern aufgrund eines gerichtlichen Auftrags handelt. Dieser Auftrag erfolgt meist auf Antrag eines Gläubigers, der einen vollstreckbaren Titel, wie beispielsweise ein Urteil oder einen Vollstreckungsbescheid, erwirkt hat. Der Gerichtsvollzieher setzt dann die Vollstreckungsmaßnahmen um, um die Forderung des Gläubigers zu realisieren.

Es ist ratsam, bei Kontakten mit dem Gerichtsvollzieher kooperativ zu sein und seine Anweisungen zu befolgen. Ignorieren oder Behinderungen des Gerichtsvollziehers können zu weiteren rechtlichen Konsequenzen führen. Es besteht jedoch auch die Möglichkeit, bei Unklarheiten oder Einwänden gegen die Maßnahmen des Gerichtsvollziehers rechtlichen Rat einzuholen.

Insgesamt spielt der Gerichtsvollzieher eine wichtige Rolle bei der Zwangsvollstreckung von Forderungen. Er ist dafür verantwortlich, die Rechte der Gläubiger zu wahren und gleichzeitig die gesetzlichen Vorgaben im Umgang mit den Schuldnern einzuhalten.

Der Gerichtsvollzieher hat bestimmte Befugnisse und Einschränkungen bei seiner Tätigkeit. Hier sind einige Beispiele, was der Gerichtsvollzieher darf und was er nicht darf.

Was Der Gerichtsvollzieher Darf

Zustellung von gerichtlichen Schriftstücken wie Vollstreckungsbescheiden, Pfändungs- und Überweisungsbeschlüssen oder Räumungstiteln.

Durchführung von Zwangsvollstreckungsmaßnahmen wie der Pfändung von Geld, beweglichen Sachen oder der Zwangsräumung von Wohnungen.

Betreten von Grundstücken und Wohnungen, wenn er einen Vollstreckungstitel besitzt.

Pfändung von Gegenständen, die dem Schuldner gehören und zur Befriedigung der Gläubiger dienen können.

Was Der Gerichtsvollzieher Nicht Darf

Sich Zutritt zur Wohnung verschaffen, wenn der Schuldner nicht anwesend ist und keine Zustimmung gegeben hat.

Sich gewaltsam Zutritt zur Wohnung verschaffen, es sei denn, es liegen bestimmte Voraussetzungen für eine Zwangsräumung vor.

Wertgegenstände pfänden, die dem Schuldner nicht gehören oder die von der Pfändung ausgenommen sind (z.B. notwendige Haushaltsgegenstände).

Wen Der Gerihtsvollziher Klingelt

Wenn der Gerichtsvollzieher vor Ihrer Tür steht und in die Wohnung möchte, sollten Sie ruhig bleiben und folgende Schritte beachten:

1. Fragen Sie nach dem vollstreckbaren Titel und prüfen Sie diesen sorgfältig.

2. Verlangen Sie den Dienstausweis des Gerichtsvollziehers und überprüfen Sie seine Identität.

3. Erkundigen Sie sich nach dem Grund des Besuchs und bitten Sie um weitere Informationen über die geplanten Maßnahmen.

4. Notieren Sie sich Namen, Datum und Uhrzeit des Besuchs sowie alle relevanten Details.

5. Sollten sie sich unsicher seien oder der Gerichtsvollziher sie bedrängen, rufen sie die 110 an und fordern sie Unterstützung von der Polizei.

Es ist auch wichtig zu wissen, wen Sie kontaktieren können, wenn der Gerichtsvollzieher vor Ihrer Tür steht und Sie Fragen oder Bedenken haben. Sie können sich an einen Rechtsanwalt oder eine Schuldnerberatungsstelle wenden, um rechtlichen Rat und Unterstützung zu erhalten. Diese Fachleute können Ihnen bei der Klärung von Unklarheiten helfen und Ihre Rechte und Möglichkeiten im Umgang mit dem Gerichtsvollzieher erläutern.

KAPITEL III

Im dritten Kapitel geht es darum, zu erkennen, ob man selbst
überschuldet ist und welche Anzeichen darauf hinweisen
können. Wir betrachten, wie Sie eine Bestandsaufnahme
Ihrer Kosten und Einnahmen durchführen können, um einen
Überblick über Ihre finanzielle Situation zu erhalten. Des
Weiteren zeigen wir Ihnen, wie Sie einen Budgetplan erstellen
können, um Ihre Ausgaben zu kontrollieren und Ihre Schulden
abzubauen. Zudem betrachten wir die wichtige Rolle der
Schuldnerberatungen und wie sie Ihnen bei der Bewältigung
Ihrer finanziellen Probleme unterstützen können.

ANZEICHEN EINER ÜBERSCHULDUNG

Anzeichen einer Überschuldung können folgende sein:

1. Zahlungsverzug: Schwierigkeiten, die monatlichen Rechnungen und Verbindlichkeiten rechtzeitig zu begleichen, insbesondere wenn dies regelmäßig oder häufig vorkommt.

2. Kreditkartenabhängigkeit: Das ständige Nutzen von Kreditkarten, um den eigenen Lebensunterhalt oder alltägliche Ausgaben zu finanzieren, ohne die Möglichkeit, die Kreditschulden vollständig zurückzuzahlen.

3. Keine Ersparnisse: Das Fehlen eines finanziellen Polsters oder von Ersparnissen für unvorhergesehene Ausgaben oder Notfälle kann ein Hinweis auf eine Überschuldung sein.

4. Ständiges Überziehen des Kontos: Regelmäßiges Überziehen des Bankkontos oder die Nutzung von Überziehungskrediten, um den finanziellen Bedarf zu decken.

5. Mahnungen und Inkassobriefe: Der Erhalt von Mahnungen, Zahlungserinnerungen oder Inkassobriefen von Gläubigern, die auf offene Zahlungsforderungen hinweisen.

6. Hohe Zinsen und Gebühren: Die Zahlung hoher Zinsen, Gebühren und Strafen im Zusammenhang mit Krediten und Verbindlichkeiten, die das Schuldenproblem weiter verschärfen.

7. Ausgaben über dem Einkommen: Ein ständiges

Missverhältnis zwischen den monatlichen Einnahmen und den Ausgaben, bei dem die Ausgaben regelmäßig das verfügbare Einkommen übersteigen.

8. Kreditablehnungen: Die Ablehnung von Kreditanträgen aufgrund einer bereits hohen Verschuldung oder einer negativen Kreditgeschichte.

9. Stress und Sorgen um die finanzielle Situation: Ständige Sorgen, Angst oder Stress aufgrund der finanziellen Lage und des Schuldenbergs.

10. Verheimlichung der finanziellen Situation: Das Verbergen der tatsächlichen finanziellen Situation vor Familie, Freunden oder Partnern kann ein Zeichen für Überschuldung sein.

Fazit

Es ist wichtig zu beachten, dass diese Anzeichen nicht zwangsläufig auf eine Überschuldung hinweisen müssen, sondern lediglich als Hinweise dienen. Wenn Sie Vermutungen haben, dass Sie überschuldet sein könnten, ist es ratsam, eine professionelle Schuldenberatung oder einen Insolvenzberater zu konsultieren, um Ihre individuelle finanzielle Situation zu bewerten und geeignete Lösungen zu finden.

FRÜHZEITIGE ERKENNUNG FINANZIELLER SCHWIERIGKEITEN

Die frühzeitige Erkennung finanzieller Schwierigkeiten ist entscheidend, um mögliche Probleme anzugehen und Schäden zu begrenzen. Hier sind einige Anzeichen, die auf finanzielle Schwierigkeiten hinweisen können:

1. Konstantes Einkommensdefizit: Wenn Sie regelmäßig mehr Geld ausgeben, als Sie verdienen, kann dies auf finanzielle Schwierigkeiten hindeuten. Überprüfen Sie regelmäßig Ihr Einkommen und Ihre Ausgaben, um sicherzustellen, dass Sie im Gleichgewicht bleiben.

2. Steigende Schulden: Wenn Ihre Schulden kontinuierlich zunehmen oder Sie Schwierigkeiten haben, Ihre Schulden zu bedienen, könnte dies ein Anzeichen für finanzielle Schwierigkeiten sein. Achten Sie auf steigende Kreditkartenschulden, unbezahlte Rechnungen oder Verzögerungen bei der Rückzahlung von Darlehen.

3. Häufige Zahlungsverzüge: Wenn Sie Schwierigkeiten haben, Ihre monatlichen Rechnungen und Verbindlichkeiten rechtzeitig zu begleichen, kann dies ein Hinweis auf finanzielle Schwierigkeiten sein. Mahnungen, Inkassobriefe oder Kreditkündigungen sind Alarmzeichen.

4. Mangelnde Ersparnisse: Wenn Sie keine oder nur sehr geringe Ersparnisse haben und keine finanzielle Reserve für Notfälle oder unvorhergesehene Ausgaben aufbauen können, können

finanzielle Schwierigkeiten auftreten.

5. Hohe Kreditkartenauslastung: Eine hohe Kreditkartenauslastung, bei der Sie nahe an Ihrem Kreditlimit sind, kann darauf hinweisen, dass Sie über Ihre Verhältnisse leben und finanzielle Schwierigkeiten haben.

BESTANDSAUFNAHME

Ihrer Einnahmen Und Ausgaben

Um eine genaue Bestandsaufnahme Ihrer Einnahmen und Ausgaben zu machen, können Sie folgende Schritte befolgen:

1. Sammeln Sie alle relevanten Informationen: Sorgen Sie dafür, dass Sie alle Unterlagen und Informationen über Ihre Einnahmen und Ausgaben zur Hand haben, wie zum Beispiel Gehaltsabrechnungen, Kontoauszüge, Rechnungen, Kreditkartenauszüge und Quittungen.

2. Ermitteln Sie Ihre Einnahmen: Machen Sie eine Liste aller Einnahmequellen, einschließlich Ihres Gehalts, eventueller Nebenverdienste, Mieteinnahmen oder Sozialleistungen. Addieren Sie diese Beträge, um Ihre Gesamteinnahmen zu ermitteln.

3. Dokumentieren Sie Ihre Ausgaben: Gehen Sie Ihre Bankauszüge, Kreditkartenauszüge und Rechnungen durch, um alle Ausgabenkategorien zu identifizieren. Dies können Mietzahlungen, Nebenkosten, Lebensmittel, Transportkosten, Versicherungen, Schuldenzahlungen, Freizeitaktivitäten, Gesundheitskosten usw. sein. Notieren Sie alle Ausgaben und Summen.

4. Kategorisieren Sie Ihre Ausgaben: Ordnen Sie Ihre Ausgaben in verschiedene Kategorien wie Wohnen, Transport, Lebensmittel, Versicherungen usw. Dies hilft Ihnen, einen klaren Überblick über Ihre Ausgabenmuster zu erhalten.

5. Berechnen Sie Ihren Einnahmenüberschuss oder -

defizit: Subtrahieren Sie Ihre Gesamtausgaben von Ihren Gesamteinnahmen. Wenn das Ergebnis positiv ist, haben Sie einen Einnahmenüberschuss, was bedeutet, dass Sie mehr Geld einnehmen als ausgeben. Wenn das Ergebnis negativ ist, haben Sie ein Einnahmendefizit, was darauf hinweist, dass Ihre Ausgaben höher sind als Ihre Einnahmen.

Beispiel für einen Einnahmeüberschuss:

Gesamteinnahmen: 3.000 €

Gesamtausgaben: 2.500 €

Einnahmeüberschuss: 500 €

Beispiel für ein Einnahmendefizit:

Gesamteinnahmen: 2.000 €

Gesamtausgaben: 2.500 €

Einnahmendefizit: -500 €

Fazit

Die genaue Bestandsaufnahme Ihrer Einnahmen und Ausgaben ermöglicht es Ihnen, Ihre finanzielle Situation realistisch einzuschätzen. Sie können erkennen, ob Sie genug Einkommen haben, um Ihre Ausgaben zu decken, oder ob Anpassungen erforderlich sind, um ein Einnahmenüberschuss oder - defizit auszugleichen. Diese Informationen sind wichtig, um eine fundierte Budgetplanung zu erstellen und mögliche Einsparungen oder Maßnahmen zur Schuldenregulierung zu identifizieren.

EIN REALISTISCHER BUDGETPLAN

Die Erstellung eines realistischen Budgetplans ist entscheidend, um Ihre Einnahmen und Ausgaben effektiv zu verwalten. Hier sind die Schritte, um einen solchen Plan zu erstellen:

1. Erfassen Sie Ihre Einnahmen: Notieren Sie alle Einnahmenquellen wie Gehalt, Nebenverdienste, Mieteinnahmen usw. Berücksichtigen Sie dabei auch die Häufigkeit der Zahlungen (z.B. monatlich, wöchentlich).

2. Identifizieren Sie Ihre Ausgabenkategorien: Gehen Sie Ihre bisherige Bestandsaufnahme von Ausgaben durch und identifizieren Sie die Hauptkategorien, wie z.B. Wohnen, Transport, Lebensmittel, Versicherungen, Schuldenzahlungen, Freizeitaktivitäten, Gesundheitskosten usw.

3. Schätzen Sie Ihre monatlichen Ausgaben: Bestimmen Sie für jede Ausgabenkategorie einen durchschnittlichen monatlichen Betrag. Berücksichtigen Sie dabei sowohl regelmäßige monatliche Ausgaben als auch variable Kosten, die möglicherweise nicht jeden Monat anfallen.

4. Berechnen Sie Ihre monatlichen Ersparnisse: Wenn Sie finanzielle Ziele haben, wie z.B. langfristige Ersparnisse oder Tilgung von Schulden, planen Sie einen monatlichen Betrag für Ihre Ersparnisse ein.

5. Vergleichen Sie Einnahmen und Ausgaben: Subtrahieren Sie Ihre monatlichen Ausgaben von Ihren monatlichen

Einnahmen. Das Ergebnis sollte positiv sein, um sicherzustellen, dass Sie genug Geld haben, um Ihre Ausgaben zu decken und möglicherweise Ersparnisse zu erzielen.

6. Überprüfen und optimieren Sie Ihren Plan: Überprüfen Sie regelmäßig Ihren Budgetplan, um sicherzustellen, dass er realistisch ist und Ihren aktuellen Bedürfnissen entspricht. Passen Sie Ihren Plan bei Bedarf an, um Veränderungen in Ihren Einnahmen oder Ausgaben zu berücksichtigen.

Beispiel für einen realistischen Budgetplan:

Einnahmen:

- Gehalt: 2.500 €

- Nebenverdienst: 300 €

Gesamteinnahmen: 2.800 €

Ausgaben:

- Miete: 800 €

- Transport: 200 €

- Lebensmittel: 300 €

- Versicherungen: 150 €

- Schuldenzahlungen: 400 €

- Freizeitaktivitäten: 200 €

- Gesundheitskosten: 100 €

Gesamtausgaben: 2.150 €

Ersparnisse:

- Monatliche Ersparnisse: 250 €

Einnahmenüberschuss: 650 € (Gesamteinnahmen - Gesamtausgaben)

Dieser Betrag kann für zusätzliche Ersparnisse verwendet oder zur Schuldenreduzierung eingesetzt werden.

Indem Sie Ihren Budgetplan regelmäßig überprüfen und

anpassen, können Sie Ihre finanziellen Ziele erreichen, Ausgaben kontrollieren und mögliche Überschuldung vermeiden.

DIE GESUNDHEIT DER EIGENEN FINANZEN

Die Gesundheit der eigenen Finanzen bezieht sich auf den Zustand der finanziellen Stabilität, Nachhaltigkeit und Wohlbefindens einer Person. Eine gesunde finanzielle Situation zeichnet sich durch solide Einnahmen, effektive Ausgabenkontrolle, angemessene Ersparnisse und eine vernünftige Verschuldung aus. Auf der anderen Seite können ungesunde Finanzen verschiedene Probleme verursachen. Hier sind einige Beispiele dafür, wie die Finanzen ungesund werden können:

1. Überschuldung:
Wenn eine Person mehr Schulden hat als sie bewältigen kann, kann dies zu einem erheblichen Stressfaktor werden. Hohe Schulden können zu finanzieller Instabilität, finanziellen Engpässen und Einschränkungen im Lebensstil führen.

2. Mangelnde Ersparnisse:
Das Fehlen von ausreichenden Ersparnissen kann zu finanzieller Verwundbarkeit führen. Wenn unvorhergesehene Ausgaben oder Notfälle auftreten, können sich Menschen mit ungesunden Finanzen in finanzielle Schwierigkeiten geraten.

3. Unkontrollierte Ausgaben:
Wenn Ausgaben außer Kontrolle geraten und das Einkommen überschreiten, kann dies zu einer Spirale der Verschuldung führen. Impulskäufe, übermäßiger Konsum und ein Mangel an Budgetierung können zu finanzieller Instabilität führen.

4. Fehlende finanzielle Ziele und Planung

Das Fehlen klar definierter finanzieller Ziele und einer strategischen Planung kann zu einer ungesunden finanziellen Situation führen. Ohne klare Ziele und eine strukturierte Vorgehensweise besteht die Gefahr, dass Ressourcen ineffizient genutzt werden und langfristige finanzielle Sicherheit gefährdet ist.

5. Mangelnde finanzielle Bildung:
Wenn Menschen kein grundlegendes Verständnis von Finanzen haben, können sie Schwierigkeiten haben, fundierte finanzielle Entscheidungen zu treffen. Dies kann zu ungesunden finanziellen Gewohnheiten und Fehlentscheidungen führen, die langfristig negative Auswirkungen haben können.

Es ist wichtig, eine gesunde finanzielle Situation anzustreben, indem man ein Budget erstellt, Ausgaben kontrolliert, Ersparnisse aufbaut und sich um eine vernünftige Verschuldung bemüht. Eine bewusste finanzielle Planung und Bildung können dabei helfen, finanzielle Ziele zu erreichen und eine solide Grundlage für langfristige finanzielle Gesundheit zu schaffen.

SCHULDENBERATUNGSSTELLEN

Nachdem wir uns nun intensiv mit der Berechnung von Einnahmen und Ausgaben im Zusammenhang mit der Überschuldung auseinandergesetzt haben, gibt es noch eine Chance, die Privatinsolvenz zu vermeiden. Sollten Sie jedoch festgestellt haben, dass Sie Ihre Schulden nicht mehr ohne Hilfe bewältigen können, ist es an der Zeit, über Schuldenberatungsstellen zu sprechen und sich auf den Insolvenzantrag vorzubereiten. In diesem Kapitel werden wir uns mit den Aufgaben und Leistungen von Schuldenberatungsstellen befassen und Ihnen einen Überblick über die Vorbereitungen für den Insolvenzantrag geben. Darüber hinaus werden wir die Kosten ansprechen, die im Rahmen einer Privatinsolvenz entstehen können.

1. Die Rolle von Schuldenberatungsstellen:
- Beratungsangebote und Unterstützungsmöglichkei ten
- Finanzielle Analyse und Erstellung eines Schuldentil gungsplans

- Verhandlungen mit Gläubigern und Einleitung von au ßergerichtlichen Einigungsversuchen

2. Vorbereitung auf den Insolvenzantrag:
- Informationsbeschaffung und Beratung durch eine Schuldenberatungsstelle
- Überprüfung der Voraussetzungen für die Privatinsol venz
- Zusammenstellung der erforderlichen Unterlagen und Informationen

- Beantragung eines außergerichtlichen Einigungsver
  suchs, falls erforderlich

3. Kosten der Privatinsolvenz:
- Gerichtskosten und Anwaltsgebühren
- Vergütung des Insolvenzverwalters oder Treuhändlers
- Unterhaltspflichten und Abtretung des pfändbaren
  Einkommens

DIE ROLLE VON SCHULDENBERATUNGSSTELLEN

Schuldenberatungsstellen spielen eine wichtige Rolle bei der Unterstützung von Menschen, die mit finanziellen Schwierigkeiten und Überschuldung konfrontiert sind. Sie bieten eine Vielzahl von Beratungsangeboten und Unterstützungsmöglichkeiten, um den Betroffenen bei der Bewältigung ihrer finanziellen Herausforderungen zu helfen. Im Folgenden werde ich näher auf die verschiedenen Aspekte der Rolle von Schuldenberatungsstellen eingehen.

Beratungsangebote und Unterstützungsmöglichkeiten:Schuldenberatungsstellen stellen einen sicheren Raum bereit, in dem Betroffene ihre finanzielle Situation offen und vertraulich besprechen können. Sie bieten individuelle Beratungsgespräche an, in denen die spezifischen finanziellen Probleme und Ziele des Klienten erörtert werden.

Diese Beratungsangebote Umfassen Oft

Budgetberatung:
Eine detaillierte Analyse der Einnah
men und Ausgaben, um einen Überblick über die finan
zielle Situation zu erhalten und Optimierungsmöglich
keiten zu identifizieren.

Schuldenanalyse:
Eine umfassende Überprüfung der
bestehenden Schulden, einschließlich der Höhe, der
Gläubiger und der Rückzahlungsbedingungen.

Finanzielle Bildung:
Schuldenberatungsstellen bieten
Schulungen und Workshops an, um die finanzielle Kompetenz
der Klienten zu stärken und ihnen die notwendigen Fähigkeiten
zur besseren Verwaltung ihrer Finanzen zu vermitteln.

Emotionale Unterstützung:
Finanzielle Probleme können belastend sein, daher bieten
Schuldenberatungsstellen auch emotionalen Beistand und
psychologische Unterstützung an.

Finanzielle Analyse Und Erstellung Eines Schuldentilgungsplans

Schuldenberatungsstellen führen eine gründliche finanzielle Analyse durch, um die individuellen Schulden und finanziellen Verpflichtungen zu bewerten. Auf Basis dieser Analyse erstellen sie gemeinsam mit den Klienten einen maßgeschneiderten Schuldentilgungsplan. Dieser Plan umfasst;

Priorisierung der Schulden:
Die Berater helfen dabei, die Schulden nach ihrer Dringlichkeit und Wichtigkeit zu ordnen, um eine effektive Rückzahlungsstrategie zu entwickeln.

Budgetierung:
Durch die Erstellung eines realistischen Budgets wird sichergestellt, dass die Einnahmen optimal genutzt und Ausgaben reduziert werden, um mehr Geld für die Schuldentilgung zur Verfügung zu haben.

Verhandlungen mit Gläubigern:
Schuldenberatungsstellen unterstützen bei der Kommunikation mit Gläubigern, um alternative Rückzahlungsvereinbarungen zu treffen, wie beispielsweise Ratenzahlungen oder Stundungen.

Einrichtung eines Treuhandkontos:
In einigen Fällen helfen Schuldenberatungsstellen bei der Einrichtung eines Treuhandkontos, auf das der Klient regelmäßige Zahlungen leistet. Von diesem Konto aus werden dann die Gläubiger bedient.

Verhandlungen mit Gläubigern und die Einleitung von außergerichtlichen Einigungsversuchen sind wichtige Maßnahmen, die Schuldenberatungsstellen ergreifen, um den

Klienten bei der Bewältigung ihrer Schulden zu helfen. Im Folgenden werde ich näher auf diese Aspekte eingehen.

Verhandlungen Mit Gläubigern

Schuldenberatungsstellen nehmen Kontakt mit den Gläubigern auf, um die finanzielle Situation des Klienten zu erläutern und mögliche Lösungen zu besprechen. Ziel ist es, für den Klienten günstigere Rückzahlungsbedingungen zu erreichen, die besser zu seiner finanziellen Situation passen. Dabei können folgende Maßnahmen ergriffen werden:

Ratenzahlungen:
Die Schuldenberatungsstelle kann versuchen, mit den Gläubigern eine Vereinbarung über die Zahlung von monatlichen Raten zu treffen, die für den Klienten erschwinglich sind.

Zinsreduktion: In einigen Fällen können Schuldenberatungsstellen versuchen, mit den Gläubigern über eine Senkung der Zinsen zu verhandeln, um die Schuldenlast des Klienten zu verringern.

Stundungen:
Unter bestimmten Umständen ist es möglich, mit den Gläubigern eine vorübergehende Aussetzung der Zahlungen zu vereinbaren, um dem Klienten finanzielle Erleichterung zu verschaffen.

Einigung über einen Schuldenvergleich:
In einigen Fällen können Schuldenberatungsstellen versuchen, eine Einigung über einen Schuldenvergleich zu erzielen, bei dem die Gläubiger bereit sind, einen Teil der Schulden zu erlassen, wenn der Klient einen bestimmten Betrag bezahlt.

Fazit

Die rechtzeitige Inanspruchnahme einer Schuldenberatungsstelle kann dazu beitragen, Ihre finanzielle Situation zu stabilisieren und möglicherweise eine Privatinsolvenz zu vermeiden. Durch die Vorbereitung auf den Insolvenzantrag erhalten Sie Klarheit über den Prozess und können sich auf die damit verbundenen Kosten einstellen. Im nächsten Abschnitt werden wir uns detaillierter mit den Aufgaben und Leistungen von Schuldenberatungsstellen befassen.

Vorbereitung Auf Den Insolvenzantrag

Die Vorbereitung auf den Insolvenzantrag ist ein entscheidender Schritt für Personen, die sich in einer schwerwiegenden finanziellen Krise befinden und keine anderen Optionen zur Bewältigung ihrer Schulden sehen. In diesem Abschnitt werden wir uns näher mit den verschiedenen Aspekten der Vorbereitung auf den Insolvenzantrag befassen.

Informationsbeschaffung und Beratung durch eine Schuldenberatungsstelle:
Eine Schuldenberatungsstelle ist der ideale Ansprechpartner, um Informationen über den Ablauf und die rechtlichen Aspekte des Insolvenzverfahrens zu erhalten. Die Beraterinnen und Berater unterstützen den Klienten bei der Klärung offener Fragen, erläutern die möglichen Konsequenzen und besprechen alternative Lösungen. Sie bieten eine individuelle Beratung an, die auf die spezifische finanzielle Situation des Klienten zugeschnitten ist.

Überprüfung Der Voraussetzungen Für Die Privatinsolvenz

Bevor ein Insolvenzantrag gestellt werden kann, müssen bestimmte Voraussetzungen erfüllt sein. Die Schuldenberatungsstelle überprüft gemeinsam mit dem Klienten, ob er die erforderlichen Kriterien erfüllt, wie beispielsweise:

Überschuldung:
Der Klient muss nachweisen, dass er zahlungsunfähig ist und seine Schulden nicht mehr bedienen kann.

Gute Führung:
Es wird überprüft, ob der Klient seine Schulden redlich abtragen möchte und sich nicht in einem sittenwidrigen Verhalten befunden hat.

Erfolgsaussichten:
Die Berater bewerten die Erfolgsaussichten des Insolvenzverfahrens und prüfen, ob andere Lösungen in Betracht gezogen werden sollten.

Zusammenstellung Der Erforderlichen Unterlagen Und Informationen

Um den Insolvenzantrag stellen zu können, müssen bestimmte Unterlagen und Informationen vorbereitet werden. Die Schuldenberatungsstelle unterstützt den Klienten dabei, die erforderlichen Dokumente zusammenzustellen, wie beispielsweise:

Einkommensnachweise:
Gehaltsabrechnungen, Rentenbescheide oder andere Nachweise über das monatliche Einkommen.

Übersicht der Schulden:
Eine genaue Aufstellung aller Gläubiger, ihrer Forderungen und der Rückzahlungsmodalitäten.

Vermögensnachweise:
Informationen über das vorhandene Vermögen des Klienten, wie Immobilien, Fahrzeuge oder andere Vermögenswerte.

Ausgabenübersicht:
Eine Auflistung der monatlichen Ausgaben, um die finanzielle Situation des Klienten transparent darzustellen.

Beantragung Eines Außergerichtlichen Einigungsversuchs, Falls Erforderlich

Wenn die Verhandlungen mit den Gläubigern nicht zu einer befriedigenden Lösung führen, kann die Schuldenberatungsstelle den Klienten bei der Einleitung von außergerichtlichen Einigungsversuchen unterstützen. Dies beinhaltet die Durchführung folgender Schritte:

Erstellung eines Schuldenbereinigungsplans:
Gemeinsam mit dem Klienten wird ein detaillierter
Schuldenbereinigungsplan erstellt, der die
Rückzahlungsmodalitäten und den vorgesehenen Zeitrahmen
für die Schuldenregulierung festlegt.

Verhandlungen mit allen Gläubigern:
Die Schuldenberatungsstelle tritt in Kontakt mit
allen Gläubigern des Klienten und präsentiert den
Schuldenbereinigungsplan, um eine Einigung zu erzielen.

Überwachung und Umsetzung des Plans:
Nach erfolgreicher Einigung über den
Schuldenbereinigungsplan sorgt die Schuldenberatungsstelle
dafür, dass der Klient die vereinbarten Zahlungen leistet und
begleitet ihn während des gesamten Prozesses.

Fazit

Die Verhandlungen mit Gläubigern und die Einleitung von
außergerichtlichen Einigungsversuchen sind wichtige
Instrumente, um die finanzielle Belastung des Klienten zu
reduzieren und eine realistische Schuldenregulierung zu
ermöglichen.

KAPITEL IV

Im vierten Kapitel behandeln wir die Kosten, die im Zusammenhang mit der Privatinsolvenz entstehen können. Wir betrachten die Auswirkungen auf persönlicher, beruflicher und wirtschaftlicher Ebene und zeigen Ihnen, welche nächsten Schritte nach Stellung des Insolvenzantrags folgen. Des Weiteren beleuchten wir die Rolle des Insolvenzverwalters und welche Unterlagen dieser benötigt, um das Insolvenzverfahren durchzuführen.

KOSTEN DER PRIVATINSOLVENZ

Die Privatinsolvenz ist ein rechtliches Verfahren, das mit bestimmten Kosten verbunden ist. Im Folgenden werden wir uns mit den verschiedenen Kosten der Privatinsolvenz befassen.

Gerichtskosten und Anwaltsgebühren:
Für die Einleitung des Insolvenzverfahrens fallen Gerichtskosten an. Diese umfassen unter anderem die Kosten für die Antragsstellung und die Eröffnung des Insolvenzverfahrens. Die genaue Höhe der Gerichtskosten variiert je nach Land und Gerichtsbezirk. Zusätzlich zu den Gerichtskosten können auch Anwaltsgebühren anfallen, falls der Klient einen Anwalt zur Unterstützung bei der Insolvenzantragstellung beauftragt. Die Anwaltsgebühren sind abhängig von der individuellen Vereinbarung zwischen dem Klienten und dem Anwalt.

Vergütung des Insolvenzverwalters oder Treuhändlers:
Im Rahmen des Insolvenzverfahrens wird in der Regel ein Insolvenzverwalter oder Treuhänder bestellt, der die Aufgabe hat, die Vermögenswerte des Klienten zu verwalten und die Gläubiger zu bedienen. Der Insolvenzverwalter oder Treuhänder erhält eine Vergütung für seine Dienstleistungen. Die Höhe dieser Vergütung wird vom Insolvenzgericht festgelegt und richtet sich nach dem Umfang und der Komplexität des Verfahrens sowie dem Wert des Insolvenzvermögens.

Unterhaltspflichten und Abtretung des pfändbaren Einkommens:
Während der Privatinsolvenz bleibt der Klient weiterhin

seinen Unterhaltspflichten gegenüber unterhaltsberechtigten Personen wie Ehepartnern oder Kindern nachzukommen. Das pfändbare Einkommen des Klienten wird im Insolvenzverfahren ermittelt und kann zur Befriedigung der Gläubiger herangezogen werden. Dabei wird ein Teil des pfändbaren Einkommens zur Tilgung der Schulden verwendet. Die genaue Höhe richtet sich nach den gesetzlichen Vorgaben des jeweiligen Landes.

Es ist wichtig zu beachten, dass die genauen Kosten der Privatinsolvenz von verschiedenen Faktoren abhängen, wie zum Beispiel der Komplexität des Falles, dem Land und den individuellen Umständen des Klienten. Es wird empfohlen, sich vor Beginn des Insolvenzverfahrens eingehend über die zu erwartenden Kosten zu informieren und gegebenenfalls eine Beratung bei einer Schuldenberatungsstelle oder einem Anwalt in Anspruch zu nehmen.

Die Kosten der Privatinsolvenz sind ein wichtiger Aspekt, der bei der Entscheidung über die Einleitung eines Insolvenzverfahrens berücksichtigt werden sollte. Es ist ratsam, sich über die möglichen Kosten im Voraus zu informieren und gegebenenfalls finanzielle Unterstützung oder Beratung in Anspruch zu nehmen, um die finanzielle Tragfähigkeit des Verfahrens zu bewerten.

DER NÄCHSTE SCHRITT

Antrag Auf Privatinsolvenz – Wege Zur Finanziellen Befreiung

Die Erkenntnis, dass man überschuldet ist und dringend Hilfe benötigt, kann ein wichtiger Schritt hin zu einer finanziellen Befreiung sein. Wenn alle anderen Möglichkeiten zur Schuldenregulierung ausgeschöpft sind und man keine realistische Aussicht hat, die Schulden in absehbarer Zeit zu begleichen, kann die Privatinsolvenz eine Lösung sein. In diesem Abschnitt werden wir uns mit dem nächsten Schritt befassen, dem Antrag auf Privatinsolvenz. Wir werden erläutern, wie dieser Prozess abläuft und welche Schritte Sie unternehmen sollten, um den Antrag erfolgreich zu stellen. Die Privatinsolvenz bietet die Möglichkeit, einen Neuanfang zu machen und schuldenfrei zu werden, und daher ist es wichtig, den nächsten Schritt mit Bedacht zu gehen und sich auf die richtige Vorbereitung und Unterstützung zu konzentrieren. Die Bedeutung der professionellen Unterstützung bei der Anmeldung der Privatinsolvenz:

Richtige Antragstellung für eine erfolgreiche Restschuldbefreiung. Die Anmeldung der Privatinsolvenz ist ein bedeutender Schritt auf dem Weg zur finanziellen Befreiung. Dabei ist es von entscheidender Bedeutung, den Antrag korrekt und vollständig zu stellen, um die bestmöglichen Ergebnisse zu erzielen. In diesem Kapitel möchten wir die Bedeutung der professionellen Unterstützung durch einen Anwalt für Insolvenzrecht oder eine Schuldnerberatungsstelle bei der Antragstellung hervorheben.

Obwohl es möglich ist, den Antrag ohne Hilfe zu stellen, möchten wir betonen, dass es aus verschiedenen Gründen ratsam ist, sich an professionelle Unterstützung zu wenden. Es gibt zahlreiche Anlaufstellen, die spezialisiert sind, Menschen in finanziellen Schwierigkeiten zu helfen und sie bei der korrekten Antragstellung zu unterstützen. Durch die Inanspruchnahme dieser Hilfe erhöhen sich die Chancen auf eine erfolgreiche Restschuldbefreiung nach Abschluss des Insolvenzverfahrens erheblich.

Der Anmeldeprozess der Privatinsolvenz kann komplex sein und erfordert genaue Kenntnisse der gesetzlichen Bestimmungen und Anforderungen. Ein Anwalt für Insolvenzrecht oder eine Schuldnerberatungsstelle verfügt über das Fachwissen und die Erfahrung, um sicherzustellen, dass der Antrag korrekt ausgefüllt und eingereicht wird. Sie können sicherstellen, dass alle erforderlichen Informationen und Unterlagen vorliegen und dass der Antrag den rechtlichen Anforderungen entspricht.

Darüber hinaus sind die Auswirkungen einer fehlerhaften Antragstellung nicht zu unterschätzen. Ein unvollständiger oder fehlerhafter Antrag kann zu Verzögerungen im Verfahren führen oder sogar zur Ablehnung des Antrags führen. Dies könnte bedeuten, dass die Möglichkeit der Restschuldbefreiung verloren geht und die Schulden weiterhin bestehen bleiben. Um diese Risiken zu minimieren und eine bestmögliche Chance auf eine erfolgreiche Restschuldbefreiung zu haben, ist die Unterstützung eines erfahrenen Anwalts für Insolvenzrecht oder einer Schuldnerberatungsstelle von unschätzbarem Wert.

Es ist wichtig anzumerken, dass es keine rechtliche Verpflichtung gibt, sich professionelle Hilfe zu suchen. Jeder hat das Recht, den Antrag eigenständig zu stellen. Dennoch möchten wir betonen, dass es in Anbetracht der Komplexität und der möglichen Konsequenzen der Antragstellung empfehlenswert ist, sich an kompetente und erfahrene Fachleute zu wenden. Schuldnerberatungsstellen und Anwälte für Insolvenzrecht bieten die notwendige Unterstützung, um sicherzustellen, dass der Antrag korrekt gestellt wird und eine realistische Chance auf eine erfolgreiche Restschuldbefreiung besteht.

Insgesamt ist es also von großer Bedeutung, bei der Anmeldung der Privatinsolvenz die Hilfe eines Anwalts für Insolvenzrecht oder einer Beratungsstelle in Anspruch zu nehmen.

DIE AUSWIRKUNGEN

Persönliche, Gesellschaftliche, Vertragliche Und Berufliche Aspekte

Nachdem wir erkannt haben, dass die Unterstützung einer Schuldenberatungsstelle oder eines Insolvenzanwalts bei der Anmeldung einer Privatinsolvenz von entscheidender Bedeutung ist, um finanzielle Freiheit wiederzuerlangen, stellt sich die Frage nach den Auswirkungen, wenn der Antrag vom Insolvenzgericht angenommen wird. Die Annahme des Privatinsolvenzantrags ist ein bedeutsamer Schritt auf dem Weg zur Schuldenregulierung und hat verschiedene persönliche, gesellschaftliche, vertragliche und berufliche Konsequenzen.

Allgemeine Auswirkungen

Eine der Konsequenzen der Privatinsolvenz ist die Eintragung von Name und Adresse in das Schuldnerverzeichnis des zuständigen Gerichts. Dieses Verzeichnis dient der Information von Gläubigern und anderen Interessierten über die finanzielle Situation einer Person. Es ist wichtig zu verstehen, dass diese Information öffentlich zugänglich ist und daher eine gewisse gesellschaftliche Auswirkung haben kann. Es kann sein, dass potenzielle Vermieter, Arbeitgeber oder Geschäftspartner dieses Verzeichnis einsehen und daraus Rückschlüsse auf die finanzielle Verlässlichkeit einer Person ziehen.

Persönliche Auswirkungen

Persönlich kann die Annahme des Privatinsolvenzantrags sowohl Erleichterung als auch Herausforderungen mit sich bringen. Einerseits ermöglicht die Privatinsolvenz den Schuldnern einen Neuanfang und die Möglichkeit, schuldenfrei zu werden. Es wird ein Schuldenregulierungsplan erstellt, der eine faire Verteilung der zur Verfügung stehenden finanziellen Mittel an die Gläubiger vorsieht. Andererseits erfordert die Privatinsolvenz auch Disziplin und eine gewisse Einschränkung der finanziellen Freiheit während der Dauer des Insolvenzverfahrens, das in der Regel mehrere Jahre dauert.

Vertragliche Auswirkungen

In vertraglicher Hinsicht kann die Annahme des Privatinsolvenzantrags Auswirkungen auf bestehende Verträge haben. Einige Verträge, wie zum Beispiel Mietverträge oder Kreditverträge, können von der Privatinsolvenz betroffen sein. Es kann zu Vertragskündigungen oder zu Verhandlungen über geänderte Konditionen kommen. Es ist wichtig, die rechtlichen Auswirkungen der Privatinsolvenz auf bestehende Verträge zu verstehen und gegebenenfalls mit den Gläubigern und Vertragspartnern zu kommunizieren.

Berufliche Auswirkungen

Beruflich gesehen kann die Privatinsolvenz Auswirkungen haben, insbesondere wenn eine berufliche Tätigkeit mit finanzieller Verantwortung oder hoher Bonitätsanforderung verbunden ist. Einige Berufe, wie beispielsweise im Finanzbereich oder im öffentlichen Dienst, können bestimmte Einschränkungen oder Vorschriften in Bezug auf die finanzielle Zuverlässigkeit haben. Es ist wichtig, die beruflichen Auswirkungen der Privatinsolvenz zu beachten.

DIE BEDEUTUNG DER PRIVATINSOLVENZ

Als Weg Zur Finanziellen Freiheit

In bestimmten Situationen kann es besser sein, die Privatinsolvenz zu beantragen, um wieder finanzielle Freiheit zu erlangen. Es ist wichtig zu verstehen, dass Zahlungsunfähigkeit keine Schande ist und dass es verschiedene Gründe geben kann, die zu einer solchen finanziellen Krise führen, wie beispielsweise der Verlust des Arbeitsplatzes, eine Scheidung oder andere unvorhergesehene Umstände. In diesem Kapitel möchten wir die Bedeutung der Privatinsolvenz als Lösung für finanzielle Probleme hervorheben und betonen, dass es immer besser ist, diese Option zu wählen, anstatt das Leben aufzugeben.

Die Privatinsolvenz bietet eine strukturierte und rechtlich geregelte Möglichkeit, mit finanziellen Schwierigkeiten umzugehen. Sie ermöglicht es den Schuldnern, ihre Schulden auf faire und geordnete Weise abzutragen und eine realistische Chance auf einen schuldenfreien Neuanfang zu erhalten. Die Insolvenzverfahrensregeln sind darauf ausgerichtet, sowohl die Interessen der Schuldner als auch der Gläubiger zu berücksichtigen und einen fairen Ausgleich herzustellen. Es ist wichtig anzumerken, dass die Privatinsolvenz keine persönliche Niederlage darstellt, sondern vielmehr ein Schritt in Richtung finanzieller Stabilität und Freiheit ist. Sie bietet die Möglichkeit, aus einem belastenden Schuldenberg herauszukommen und den Weg zu einem neuen finanziellen Startpunkt einzuschlagen. Die Insolvenzanmeldung ermöglicht es den Schuldnern, sich von der Last der Schulden zu befreien und ihre finanzielle Zukunft in die Hand zu nehmen.

Darüber hinaus ist die Privatinsolvenz oft die bessere Alternative zu anderen drastischen Maßnahmen, wie beispielsweise dem Gedanken an Selbstmord. Finanzielle Probleme können eine enorme Belastung für das geistige Wohlbefinden und die Lebensqualität einer Person darstellen. Es ist jedoch wichtig, zu erkennen, dass es immer einen Ausweg gibt und dass die Privatinsolvenz eine Möglichkeit ist, die einem einen neuen Start ermöglicht. Es gibt zahlreiche Beratungsstellen und Unterstützungsangebote, die Menschen in finanzieller Notlage helfen und sie durch den Insolvenzprozess begleiten.

Die Entscheidung, die Privatinsolvenz anzumelden, erfordert Mut und die Bereitschaft, sich mit den eigenen finanziellen Schwierigkeiten auseinanderzusetzen. Es ist jedoch ein wichtiger Schritt, um wieder finanzielle Freiheit und ein stabiles Fundament für die Zukunft zu erlangen. Durch die strukturierte Abwicklung des Insolvenzverfahrens können Schulden abgetragen und die finanzielle Belastung reduziert werden.

Insgesamt ist die Privatinsolvenz ein legitimer und wirksamer Weg, um mit finanziellen Schwierigkeiten umzugehen. Sie ermöglicht es den Schuldnern, ihre Schulden zu regeln und einen Neuanfang zu machen. Es ist wichtig, sich von Stigmatisierungen und Vorurteilen zu lösen.

DIE PRIVATINSOLVENZ ALS CHANCE

Die Privatinsolvenz Als Chance Zur Finanziellen Intelligenz

Lesen Von Büchern Und Weiterbildung

Die Privatinsolvenz kann als Chance genutzt werden, nicht nur die finanziellen Probleme zu bewältigen, sondern auch die eigene finanzielle Intelligenz zu stärken. Während des Insolvenzverfahrens gibt es verschiedene Möglichkeiten, sich weiterzubilden und das Wissen über persönliche Finanzen zu erweitern. In diesem Kapitel werden wir beleuchten, wie das Lesen von Büchern und die gezielte Weiterbildung den Insolvenzprozess unterstützen können. Außerdem möchten wir darauf hinweisen, dass eine qualifizierte Weiterbildung wie das Aufstiegs-BAföG eine Option sein kann, jedoch die Zustimmung des Insolvenzverwalters eingeholt werden sollte, um sicherzustellen, dass es nicht zur pfändbaren Masse gehört.

Eine Möglichkeit, die Privatinsolvenz für die persönliche Weiterentwicklung zu nutzen, ist das Lesen von Büchern über finanzielle Bildung und persönliche Finanzen. Es gibt eine Vielzahl von Büchern, die konkrete Tipps, Strategien und Anleitungen zur Verbesserung der finanziellen Situation bieten. Solche Bücher können den Schuldnern helfen, ein besseres Verständnis für die eigenen finanziellen Entscheidungen zu entwickeln und langfristig eine solide finanzielle Grundlage aufzubauen. Beispiele für solche Bücher sind "Der reichste Mann von Babylon" von George S. Clason, "Rich Dad Poor Dad" von Robert T. Kiyosaki und "Der Weg zur finanziellen Freiheit" von Bodo Schäfer.

Darüber hinaus gibt es zahlreiche Online-Ressourcen, Podcasts und Blogs, die wertvolle Informationen und Ratschläge zur Verbesserung der finanziellen Situation bieten. Durch das regelmäßige Lesen solcher Inhalte können Schulden betroffene Personen ihre finanzielle Bildung erweitern und neue Ansätze zur Bewältigung ihrer Situation entdecken.

Eine weitere Möglichkeit, sich während der Privatinsolvenz weiterzubilden, besteht in der gezielten Qualifizierung durch Bildungsangebote wie das Aufstiegs-BAföG. Das Aufstiegs-BAföG ist eine staatliche Förderung für berufliche Aufstiegsfortbildungen, die es ermöglicht, einen höheren Abschluss oder eine zusätzliche Qualifikation zu erlangen. Diese Weiterbildungsmaßnahmen können die Chancen auf berufliche Weiterentwicklung und bessere Verdienstmöglichkeiten erhöhen. Es ist jedoch wichtig zu beachten, dass die Zustimmung des Insolvenzverwalters eingeholt werden sollte, um sicherzustellen, dass das Aufstiegs-BAföG nicht zur pfändbaren Masse gehört.

Fazit

Die Zeit während des Insolvenzverfahrens kann somit genutzt werden, um sich sowohl theoretisch als auch praktisch weiterzubilden und die eigene finanzielle Intelligenz zu stärken. Durch das Lesen von Büchern und das Nutzen von Bildungsangeboten wie dem Aufstiegs-BAföG können Schulden betroffene Personen nicht nur ihre finanzielle Situation verbessern, sondern auch langfristig eine Lösung finden um Finanziell besser gestellt zu sein.

DER INSOLVENZANTRAG WURDE ANGENOMMEN

Was Nun? Einblick In Den Start Der Insolvenz Und Die Kommunikation Mit Dem Insolvenzverwalter

Nachdem der Insolvenzantrag vom Gericht angenommen wurde und ein Insolvenzverwalter bestellt wurde, beginnt eine neue Phase im Insolvenzverfahren. In diesem Kapitel werden wir einen Blick darauf werfen, was am Anfang der Insolvenz geschieht und worauf bei der Kommunikation mit dem Insolvenzverwalter zu achten ist. Darüber hinaus werden wir uns mit den verschiedenen Freigaben beschäftigen, die der Insolvenzverwalter erteilen darf, zum Beispiel in Bezug auf das eigene Auto.

Der Start der Insolvenz ist ein entscheidender Moment für den weiteren Verlauf des Verfahrens. Zunächst einmal wird der Insolvenzverwalter damit beauftragt, die finanzielle Situation des Schuldners zu prüfen und einen Überblick über die vorhandenen Vermögenswerte und Schulden zu erhalten. Dazu gehört die Erstellung einer Vermögensaufstellung, in der alle relevanten Informationen zu den Vermögenswerten und Verbindlichkeiten des Schuldners erfasst werden.
Während dieser Phase ist es von großer Bedeutung, eine offene und transparente Kommunikation mit dem Insolvenzverwalter zu führen. Der Schuldner sollte dem Insolvenzverwalter alle erforderlichen Informationen zur Verfügung stellen und bei Rückfragen kooperativ reagieren. Es ist wichtig zu verstehen, dass der Insolvenzverwalter eine neutrale Rolle einnimmt und

darauf abzielt, sowohl die Interessen des Schuldners als auch der Gläubiger zu schützen.

Im Laufe der Insolvenz kann der Insolvenzverwalter verschiedene Freigaben erteilen, die dem Schuldner bestimmte Handlungsspielräume ermöglichen. Eine solche Freigabe könnte beispielsweise die Nutzung des eigenen Autos betreffen. In der Regel ist es möglich, ein Fahrzeug bis zu einem bestimmten Wert zu behalten, sofern es für die Ausübung des Berufs oder für die Bewältigung des Alltags unbedingt erforderlich ist. Es ist jedoch wichtig, die genauen Regelungen und Voraussetzungen mit dem Insolvenzverwalter zu besprechen und sich gegebenenfalls eine schriftliche Freigabe einzuholen, um mögliche Missverständnisse zu vermeiden. Die Kommunikation mit dem Insolvenzverwalter sollte stets respektvoll und sachlich erfolgen. Es ist ratsam, Fragen oder Anliegen schriftlich zu formulieren und sich eine Bestätigung über wichtige Absprachen oder Vereinbarungen geben zu lassen. Es kann auch hilfreich sein, alle relevanten Unterlagen und Belege gut zu organisieren und dem Insolvenzverwalter auf Anfrage zur Verfügung zu stellen.

Insgesamt ist der Start der Insolvenz ein kritischer Zeitpunkt, der eine enge Zusammenarbeit mit dem Insolvenzverwalter erfordert. Die transparente Kommunikation und Kooperation mit dem Insolvenzverwalter sind entscheidend, um den weiteren Verlauf des Insolvenzverfahrens erfolgreich zu gestalten.

DER INSOLVENZVERWALTER BEGINNT SEINE ARBEIT

Erste Schritte Und Maßnahmen

Die Aufgaben Und Maßnahmen Des Insolvenzverwalters Zu Beginn Des Verfahrens

Sobald der Insolvenzverwalter seine Arbeit aufnimmt, leitet er eine Reihe von wichtigen Schritten und Maßnahmen ein, um das Insolvenzverfahren voranzubringen. In diesem Kapitel werden wir einen Einblick in die ersten Handlungen des Insolvenzverwalters geben und die Auswirkungen auf den Schuldner betrachten.

Informationsaustausch Und Kommunikation

Der Insolvenzverwalter wird unmittelbar nach seinem Amtsantritt die Kommunikation mit verschiedenen Parteien aufnehmen, um über die Insolvenz zu informieren und den weiteren Prozess zu koordinieren. Dazu gehören in der Regel Arbeitgeber und Vermieter, die über die Insolvenz des Schuldners benachrichtigt werden. Der Insolvenzverwalter informiert sie über seine Rolle und Zuständigkeiten sowie über eventuelle Einschränkungen oder Veränderungen, die sich auf das Arbeitsverhältnis oder das Mietverhältnis auswirken könnten.

Sperrung Des Girokontos

Eine der ersten Maßnahmen, die der Insolvenzverwalter ergreift, ist die Sperrung des Girokontos des Schuldners. Dies geschieht, um sicherzustellen, dass die vorhandenen Geldmittel im Rahmen des Insolvenzverfahrens verwaltet und auf die Gläubiger verteilt werden können. Der Schuldner verliert somit die Kontrolle über sein Girokonto und muss fortan alle finanziellen Transaktionen über den Insolvenzverwalter abwickeln.

Erfassung Der Vermögenswerte Und Schulden

Der Insolvenzverwalter nimmt eine genaue Erfassung der Vermögenswerte und Schulden des Schuldners vor.
Dazu wird eine detaillierte Vermögensaufstellung erstellt, in der sämtliche vorhandenen Vermögenswerte wie Immobilien, Fahrzeuge, Konten, aber auch Schulden wie offene Rechnungen oder Kredite erfasst werden. Diese Bestandsaufnahme bildet die Grundlage für die weitere Abwicklung des Insolvenzverfahrens.

Prüfung Der Insolvenzmasse Und Möglicher Masseverbindlichkeiten

Der Insolvenzverwalter prüft, ob es Vermögensgegenstände gibt, die zur Insolvenzmasse gehören und verwertet werden können, um die Gläubiger zu befriedigen. Gleichzeitig überprüft er mögliche Masseverbindlichkeiten, die im Verlauf des Verfahrens entstehen können, wie beispielsweise laufende Kosten für die Unterhaltung von Immobilien oder Betrieben.

Einsetzung Von Sicherungsmaßnahmen

Um mögliche Vermögensverschiebungen oder unzulässige Handlungen zu verhindern, kann der Insolvenzverwalter Sicherungsmaßnahmen ergreifen.

WELCHE UNTERLAGEN BRAUCHT DER INSOLVENZVERWALTER..

..Von Mir

Der Insolvenzverwalter wird im Rahmen des Insolvenzverfahrens verschiedene Unterlagen und Informationen von Ihnen verlangen. Die genauen Anforderungen können je nach Einzelfall und den gesetzlichen Bestimmungen variieren. Hier sind jedoch einige Beispiele für Unterlagen, die der Insolvenzverwalter typischerweise von Ihnen verlangen kann:

Zu Beginn Des Verfahrens

1. Identitätsnachweis: Eine Kopie Ihres Personalausweises oder Reisepasses zur Bestätigung Ihrer Identität.

2. Einkommensnachweise: Gehaltsabrechnungen, Rentenbescheide oder andere Unterlagen, die Ihr Einkommen belegen.

3. Vermögensaufstellung: Eine detaillierte Liste aller Vermögenswerte, die Sie besitzen, wie z.B. Immobilien, Fahrzeuge, Bankkonten, Wertgegenstände usw.
4. Schuldenübersicht: Eine Auflistung aller Schulden, einschließlich offener Rechnungen, Kredite, Darlehen usw.

5. Kontoauszüge: Kopien Ihrer Bank- und Sparkontoauszüge der letzten Monate.

6. Vertragsunterlagen: Kopien von Mietverträgen, Leasingverträgen, Kreditverträgen oder anderen relevanten Vertragsdokumenten.

Während Des Verfahrens

1. Monatliche Einkommensnachweise: Regelmäßige Vorlage von Gehaltsabrechnungen, Rentenbescheiden oder anderen Unterlagen, die Ihr Einkommen belegen.

2. Kontoauszüge: Regelmäßige Vorlage von Kontoauszügen, um Ihre finanzielle Situation zu überprüfen.

3. Schuldnachweise: Vorlage von Mahnungen, Schreiben von Gläubigern oder anderen Dokumenten, die Ihre Schulden bestätigen.

4. Vermögensänderungen: Melden Sie dem Insolvenzverwalter Änderungen in Ihrem Vermögen, wie zum Beispiel den Verkauf oder den Erwerb von Vermögenswerten.

5. Gläubigerkorrespondenz: Weitergabe von Korrespondenz mit Gläubigern, wie zum Beispiel Mahnungen, Zahlungsplänen oder Vergleichsangeboten.

Zum Abschluss Des Verfahrens

1. Schlussbericht: Bereitstellung von Informationen über den Verlauf des Insolvenzverfahrens, einschließlich aller getroffenen Maßnahmen und Verteilungen an die Gläubiger.

2. Schuldbefreiungsnachweis: Vorlage eines Nachweises über die erfolgreiche Restschuldbefreiung nach Abschluss des Verfahrens.

Es ist wichtig, dass Sie während des Insolvenzverfahrens alle vom Insolvenzverwalter angeforderten Unterlagen zeitnah und vollständig zur Verfügung stellen, um den reibungslosen Ablauf des Verfahrens zu gewährleisten.

KAPITEL V

Im fünften Kapitel finden Sie detaillierte Erklärungen zur Freigabe von Sachen, die durch den Insolvenzverwalter gepfändet wurden, sowie zum pfändungsfreien Teil. Wir beleuchten die Kommunikation mit dem Insolvenzverwalter und geben Ihnen nützliche Tipps, wie Sie den Prozess bestmöglich gestalten können. Zudem erhalten Sie Informationen zum P-Konto und wie Sie Ihren Pfändungsfreibetrag erhöhen können.

FREIGABE VON SACHEN

Möglichkeiten Und Voraussetzungen

Im Rahmen eines Insolvenzverfahrens wird der Insolvenzverwalter beauftragt, das vorhandene Vermögen des Schuldners zu verwalten und es zur Befriedigung der Gläubiger einzusetzen. Allerdings gibt es bestimmte Sachen und sonstige Einnahmen, die unter bestimmten Voraussetzungen vom Insolvenzverwalter freigegeben werden können.

Sachen

Der Insolvenzverwalter kann die Freigabe von Sachen ermöglichen, die für den Schuldner und seine Familie von existenzieller Bedeutung sind. Dies kann beispielsweise den Hausrat, Kleidung, Möbel oder ein angemessenes Fahrzeug umfassen. Die Freigabe erfolgt in der Regel, wenn diese Gegenstände für die persönliche und berufliche Integration des Schuldners von wesentlicher Bedeutung sind.

Eine Begründung für die Freigabe ist in der Regel erforderlich. Der Schuldner muss nachweisen, dass der betreffende Gegenstand für seine Existenzsicherung notwendig ist und dass es keine angemessene Alternative gibt. Darüber hinaus muss der Schuldner erklären, wie er die mit dem Gegenstand verbundenen Kosten tragen wird.

Sonstige Einnahmen

Neben dem regulären Einkommen können auch bestimmte sonstige Einnahmen, wie zum Beispiel Nebenkostenrückzahlungen, Bonuszahlungen, Erbschaften oder Versicherungsleistungen, vom Insolvenzverwalter freigegeben werden. Allerdings gilt auch hier, dass diese Einnahmen nur unter bestimmten Voraussetzungen freigegeben werden.

Der Schuldner muss plausibel darlegen, dass die betreffenden Einnahmen zur Deckung notwendiger Lebenshaltungskosten oder zur Begleichung von Schulden verwendet werden müssen. Eine Begründung ist erforderlich, um dem Insolvenzverwalter nachvollziehbar zu machen, warum die Freigabe gerechtfertigt ist und wie die Einnahmen sinnvoll genutzt werden sollen.

Es ist wichtig zu beachten, dass die Entscheidung über die Freigabe von Sachen und sonstigen Einnahmen letztendlich beim Insolvenzverwalter liegt. Eine vertrauensvolle Kommunikation und Offenlegung aller relevanten Informationen sind daher entscheidend, um eine positive Entscheidung zu erreichen.

Es wird dringend empfohlen, sich im Vorfeld mit einem Insolvenzanwalt oder einer Schuldnerberatungsstelle abzustimmen, um den Antrag auf Freigabe von Sachen und sonstigen Einnahmen ordnungsgemäß vorzubereiten und zu begründen. Diese Fachleute können Ihnen bei der Erstellung eines überzeugenden Antrags behilflich sein und Ihre Chancen auf eine erfolgreiche Freigabe erhöhen.

Wichtiger Hinweis: Kfz-Steuer Und Insolvenz

Wenn Sie ein Fahrzeug besitzen und sich in einem Insolvenzverfahren befinden, ist es von großer Bedeutung, über die Auswirkungen auf Ihre KFZ-Steuer informiert zu sein. Viele Insolvenzverwalter behalten die bereits gezahlte KFZ-Steuer ein oder lassen sie sich zusenden, sobald das Fahrzeug aus der Insolvenz freigegeben wird. Es ist jedoch wichtig zu beachten, dass das Finanzamt nach der Freigabe des Fahrzeugs erneut auf Sie zukommen und die KFZ-Steuer erneut einfordern kann.

Besonders bei einer hohen KFZ-Steuer sollten Sie dies im Blick behalten, um finanzielle Überraschungen zu vermeiden. Nehmen wir an, Sie haben die Steuer im Januar bezahlt und im April wird das Fahrzeug aus der Insolvenz freigegeben. Ein bis zwei Monate nach der Freigabe meldet sich das Finanzamt bei Ihnen und verlangt erneut die volle KFZ-Steuer. In diesem Fall ändert sich die Steuerzahlungsperiode, und Sie müssen die volle KFZ-Steuer erneut entrichten.

Es ist ratsam, sich mit Ihrem Insolvenzverwalter und dem Finanzamt in Verbindung zu setzen, um die genauen Auswirkungen auf Ihre individuelle Situation zu klären. Auf diese Weise können Sie mögliche finanzielle Belastungen besser einschätzen und gegebenenfalls Vorkehrungen treffen, um erneute Steuerzahlungen planen zu können.

Wichtiges

Es ist wichtig zu wissen, dass Insolvenzverwalter eine große Arbeitsbelastung haben und nicht für jede Frage telefonisch kontaktiert werden sollten. Zu Beginn einer Insolvenz besteht in der Regel der meiste Kontakt, aber dieser nimmt ab, sobald alles eingespielt ist, einschließlich der Kommunikation mit der Hausbank. Dennoch sollte der Insolvenzverwalter über wichtige Informationen informiert werden. Der beste Kunde ist jedoch bekanntlich derjenige, der nicht zu viele Fragen stellt und es dem Verwalter ermöglicht, seine Arbeit in Ruhe zu erledigen. Schließlich entscheidet der Insolvenzverwalter am Ende über die Gewährung der Restschuldbefreiung und teilt dem Gericht mit, ob der Schuldner bei Änderungen stets gemeldet hat und ob alles reibungslos verlaufen ist. Wenn der Insolvenzverwalter bestätigt, dass alles gut gelaufen ist, erhält der Schuldner die Restschuldbefreiung vom Gericht. Natürlich sollten der Insolvenzverwalter bei jeder Freigabe sowie bei wichtigen Änderungen schriftlich informiert werden.

PFÄNDUNG DURCH DEN INSOLVENZVERWALTER

Im Rahmen einer Privatinsolvenz wird ein Insolvenzverwalter damit beauftragt, das Vermögen des Schuldners zu verwalten und es zur Befriedigung der Gläubiger einzusetzen. Im Zuge dieser Verwaltungstätigkeit kann der Insolvenzverwalter bestimmte Vermögenswerte pfänden, um die Forderungen der Gläubiger zu bedienen. Nachfolgend werden die gängigsten gepfändeten Vermögenswerte erläutert.

1. Gehalt: Das monatliche Einkommen in Form des Gehalts ist ein gefährdeter Vermögenswert während des Insolvenzverfahrens. Der Insolvenzverwalter kann einen Teil des Gehalts pfänden, um es zur Tilgung der Schulden einzusetzen. Dabei gelten bestimmte Pfändungsfreigrenzen, die gesetzlich festgelegt sind und abhängig von der persönlichen Situation des Schuldners sind, wie beispielsweise Unterhaltsverpflichtungen.

2. Konto: Das Bankkonto des Schuldners ist ebenfalls gefährdet und kann vom Insolvenzverwalter gepfändet werden. Der Insolvenzverwalter kann das Konto sperren und über den pfändbaren Betrag verfügen, um die Gläubiger zu bedienen. Dies bedeutet, dass der Schuldner während des Insolvenzverfahrens möglicherweise nur noch über ein sogenanntes Pfändungsschutzkonto (P-Konto) verfügt, auf dem ein bestimmter Betrag vor Pfändungen geschützt ist.

3. Sonstige Vermögenswerte: Neben dem Gehalt und dem Bankkonto können auch andere Vermögenswerte vom Insolvenzverwalter gepfändet werden. Dies können

beispielsweise Immobilien, Fahrzeuge, Wertgegenstände oder Lebensversicherungen sein. Der Insolvenzverwalter prüft die vorhandenen Vermögenswerte und trifft Entscheidungen darüber, welche Vermögenswerte zur Verwertung und Tilgung der Schulden herangezogen werden.

Fazit

Es ist wichtig zu beachten, dass die Pfändung von Vermögenswerten durch den Insolvenzverwalter im Rahmen des Insolvenzverfahrens stattfindet, um eine gleichmäßige Verteilung der Mittel an die Gläubiger zu gewährleisten. Der Schuldner sollte eng mit dem Insolvenzverwalter zusammenarbeiten und alle erforderlichen Informationen bereitstellen, um eine transparente und reibungslose Abwicklung des Insolvenzverfahrens zu ermöglichen.

Es wird empfohlen, sich im Vorfeld des Insolvenzverfahrens von einem Insolvenzanwalt oder einer Schuldnerberatungsstelle beraten zu lassen, um eine genaue Einschätzung der pfändbaren Vermögenswerte und der Auswirkungen auf das eigene Einkommen und Konto zu erhalten. Diese Fachleute können helfen, die Situation zu klären und mögliche Schutzmechanismen, wie das P-Konto, zu nutzen, um den finanziellen Folgen entgegen zu wirken.

DER PFÄNDUNGSFREIE TEILE DES GEHALTS

Im Falle einer Lohnpfändung ist es wichtig zu wissen, welche Teile des Gehalts vor einer Pfändung geschützt sind. Es gibt bestimmte Freigrenzen, die sicherstellen, dass Arbeitnehmerinnen und Arbeitnehmer zumindest einen gewissen Betrag ihres Einkommens behalten können. In diesem Teil werden wir uns mit den pfändungsfreien Teilen des Gehalts befassen und die Freigrenzen für Urlaubsgeld, Weihnachtsgeld, Sonderzahlungen sowie Zuschläge für Spät- und Nachtarbeit erläutern.

1. Pfändungsfreie Teile des Gehalts: Der Gesetzgeber hat festgelegt, dass bestimmte Teile des Gehalts vor einer Pfändung geschützt sind. Dieser geschützte Betrag wird als "Pfändungsfreibetrag" bezeichnet und dient dazu, das Existenzminimum des Schuldners zu sichern. Der nicht pfändbare Teil des Gehalts wird als "unpfändbarer Anteil" bezeichnet.

2. Freigrenzen für Urlaubsgeld und Weihnachtsgeld: Urlaubsgeld und Weihnachtsgeld sind Sonderzahlungen, die von vielen Arbeitgebern gewährt werden. Gemäß § 850a Abs. 2 ZPO (Zivilprozessordnung) sind diese Sonderzahlungen bis zu einem Betrag von insgesamt 500 Euro pro Jahr pfändungsfrei. Das bedeutet, dass Arbeitnehmerinnen und Arbeitnehmer bis zu dieser Grenze ihr Urlaubs- und Weihnachtsgeld behalten können, ohne dass es gepfändet wird.

3. Sonderzahlungen und weitere Freigrenzen: Neben Urlaubsgeld und Weihnachtsgeld gibt es auch andere Sonderzahlungen wie beispielsweise Bonuszahlungen oder Gewinnbeteiligungen. Auch hier gelten die Freigrenzen nach § 850a Abs. 2 ZPO. Sofern diese Sonderzahlungen zusammen mit dem Urlaubs- und Weihnachtsgeld insgesamt 500 Euro pro Jahr nicht überschreiten, sind sie pfändungsfrei.

4. Zuschläge für Spät- und Nachtarbeit: Zuschläge für Spät- und Nachtarbeit sind zusätzliche Entgelte, die Arbeitnehmerinnen und Arbeitnehmer für ihre Arbeit außerhalb der regulären Arbeitszeiten erhalten. Gemäß § 850a Abs. 3 ZPO sind diese Zuschläge bis zu einem Betrag von 50 Prozent des Grundlohns pfändungsfrei. Das bedeutet, dass Arbeitnehmerinnen und Arbeitnehmer einen Teil der Zuschläge behalten können, ohne dass sie gepfändet werden.

Fazit:

Es ist wichtig, über die pfändungsfreien Teile des Gehalts Bescheid zu wissen, um seine finanzielle Situation besser einschätzen zu können. Die Freigrenzen für Urlaubsgeld, Weihnachtsgeld, Sonderzahlungen und Zuschläge für Spät- und Nachtarbeit bieten einen gewissen Schutz vor Pfändungen. Arbeitnehmerinnen und Arbeitnehmer sollten sich über ihre individuellen Ansprüche und Freigrenzen informiren.

KOMMUNIKATION MIT DEM INSOLVENZVERWALTER

Nachdem der Insolvenzantrag angenommen wurde und ein Insolvenzverwalter bestellt wurde, stellt sich die Frage, wie oft und in welchen Situationen man sich an den Insolvenzverwalter wenden sollte. Es ist wichtig zu verstehen, dass die Kommunikation mit dem Insolvenzverwalter eine wichtige Rolle im Insolvenzverfahren spielt, aber es gibt auch bestimmte Richtlinien, die beachtet werden sollten.

Grundsätzlich ist der Insolvenzverwalter dafür verantwortlich, das Insolvenzverfahren zu leiten und das Vermögen des Schuldners zu verwalten. Dabei hat er eine Überwachungspflicht und muss sicherstellen, dass die Verfahrensvorschriften eingehalten werden. Während dieser Zeit ist es üblich, dass der Insolvenzverwalter bestimmte Informationen und Unterlagen von Ihnen benötigt.

Es ist wichtig, dass Sie dem Insolvenzverwalter alle erforderlichen Informationen zur Verfügung stellen und Fragen des Insolvenzverwalters zeitnah beantworten. Insbesondere zu Beginn des Verfahrens kann es sein, dass der Insolvenzverwalter Anfragen zu Ihrem Einkommen, Ihren Vermögenswerten und Ihren Schulden hat, um eine genaue Bestandsaufnahme vornehmen zu können. In dieser Phase ist eine offene Kommunikation von großer Bedeutung.

Auf der anderen Seite sollten Sie den Insolvenzverwalter nicht unnötig mit Fragen oder Anliegen belasten, die nicht unmittelbar mit dem Insolvenzverfahren zusammenhängen. Der Insolvenzverwalter hat in der Regel viele Fälle zu bearbeiten und kann möglicherweise nicht auf jede einzelne Anfrage sofort reagieren. Es ist ratsam, sich nur dann an den Insolvenzverwalter zu wenden, wenn es um konkrete Freigaben oder Veränderungen in Ihrer finanziellen Situation geht.

Wenn Sie beispielsweise eine Freigabe für den Verkauf eines Vermögenswerts benötigen oder sich Ihre Einkommenssituation verändert hat, ist es wichtig, den Insolvenzverwalter darüber zu informieren. In solchen Fällen wird der Insolvenzverwalter entsprechende Entscheidungen treffen und Ihnen möglicherweise bestimmte Auflagen oder Bedingungen geben.

Generell gilt, dass eine klare und sachliche Kommunikation mit dem Insolvenzverwalter empfehlenswert ist. Bei Unsicherheiten oder Fragen zum weiteren Vorgehen können Sie sich jedoch jederzeit an Ihre Schuldnerberatungsstelle oder an einen Anwalt für Insolvenzrecht wenden. Diese Experten können Ihnen helfen, die richtige Vorgehensweise zu verstehen und geben Ihnen weitere Unterstützung bei Ihrer finanziellen Neuausrichtung.

Denken Sie daran, dass der Insolvenzverwalter in erster Linie Ihre finanziellen Angelegenheiten im Insolvenzverfahren im Blick hat. Daher ist es ratsam, sich nur dann an ihn zu wenden, wenn es wirklich erforderlich ist, um den Ablauf des Verfahrens nicht zu verzögern und eine reibungslose Abwicklung zu gewährleisten.

EFFEKTIVE MASSNAHMEN ZUR MINIMIERUNG VON PFÄNDUNGEN

Die Berechnung Der Pfändungsfreigrenze Verstehen

Nachdem der Insolvenzverwalter seine Arbeit aufgenommen hat und alle relevanten Informationen von Ihnen erhalten wurden, stellt sich die Frage, wie Sie es schaffen können, dass möglichst wenig von Ihrem Einkommen gepfändet wird. Eine wichtige Grundlage hierfür ist das Verständnis der Pfändungsfreigrenze und wie sie berechnet wird.

Die Pfändungsfreigrenze dient dazu, Ihnen ein Mindestmaß an finanzieller Sicherheit zu gewährleisten, indem ein Teil Ihres Einkommens vor Pfändungen geschützt wird. Die genaue Höhe der Pfändungsfreigrenze hängt von verschiedenen Faktoren ab, wie beispielsweise Ihrem Familienstand, der Anzahl Ihrer unterhaltsberechtigten Personen und Ihrem monatlichen Nettoeinkommen.

Es ist wichtig, dass Sie die Berechnung der Pfändungsfreigrenze verstehen, um Ihre finanzielle Situation besser einschätzen und gegebenenfalls Maßnahmen ergreifen zu können, um den pfändbaren Betrag zu minimieren. Indem Sie Ihre Ausgaben und Verbindlichkeiten genau analysieren und gegebenenfalls reduzieren, können Sie Ihren finanziellen Spielraum erhöhen und dafür sorgen, dass weniger von Ihrem Einkommen gepfändet wird.

Es gibt verschiedene Aspekte, die bei der Berechnung der Pfändungsfreigrenze berücksichtigt werden, wie beispielsweise der Grundfreibetrag, der Familienzuschlag, die Unterhaltsverpflichtungen und eventuelle Sonderregelungen für bestimmte Ausgaben wie Miete oder Gesundheitskosten. Indem Sie diese Faktoren im Blick behalten und gegebenenfalls Nachweise erbringen, können Sie die Pfändungsfreigrenze optimieren.

Es ist wichtig, dass Sie sich über Ihre Rechte und Möglichkeiten im Rahmen der Pfändungsfreigrenze informieren. Eine Schuldnerberatungsstelle oder ein Anwalt für Insolvenzrecht kann Ihnen dabei helfen, Ihre individuelle Situation zu bewerten und Ihnen wertvolle Tipps und Empfehlungen geben.

Indem Sie die Berechnung der Pfändungsfreigrenze verstehen und Maßnahmen ergreifen, um Ihre finanzielle Situation zu verbessern, können Sie dazu beitragen, dass möglichst wenig von Ihrem Einkommen gepfändet wird. Dies ermöglicht Ihnen eine bessere finanzielle Stabilität während des Insolvenzverfahrens und unterstützt Sie auf Ihrem Weg zur Schuldenfreiheit.

PFÄNDUNGSFREIBETRAG ERHÖHEN

Bescheinigungen Von Stellen Und Anwälten Zur Berücksichtigung Von Kindergeld, Unterhaltszahlungen Und Unterhaltsberechtigten

Um Ihren Pfändungsfreibetrag zu erhöhen und somit einen größeren Teil Ihres Einkommens vor Pfändungen zu schützen, gibt es bestimmte finanzielle Unterstützungen und Verpflichtungen, die berücksichtigt werden können. Durch entsprechende Bescheinigungen von geeigneten Stellen und Anwälten können Sie nachweisen, dass Sie Kindergeld beziehen, Unterhaltszahlungen leisten oder für unterhaltsberechtigte Personen sorgen müssen. Dadurch kann der pfändungsfreie Betrag angepasst und erhöht werden.

Kindergeld spielt eine wichtige Rolle bei der Berechnung des Pfändungsfreibetrags, da es als Einkommen für die Familie gilt. Wenn Sie Kindergeld erhalten, können Sie eine Bescheinigung von der zuständigen Familienkasse oder Behörde anfordern. Diese Bescheinigung bestätigt, dass Sie Anspruch auf Kindergeld haben und ermöglicht es dem Insolvenzverwalter, den Betrag in die Berechnung des Pfändungsfreibetrags einzubeziehen.

Ebenso können Unterhaltszahlungen, die Sie leisten, den pfändungsfreien Betrag erhöhen. Wenn Sie für unterhaltsberechtigte Personen wie beispielsweise Ihre Kinder oder Ihren Ehepartner Unterhalt zahlen, können Sie eine Bescheinigung von einem Anwalt oder einer geeigneten Stelle wie dem Jugendamt oder der Unterhaltsvorschusskasse anfordern. Diese Bescheinigung bestätigt die Höhe der Unterhaltszahlungen und ermöglicht es dem Insolvenzverwalter, den Betrag bei der Berechnung des Pfändungsfreibetrags zu berücksichtigen.

Es ist wichtig, dass Sie die Bescheinigungen von vertrauenswürdigen und anerkannten Stellen oder Anwälten ausstellen lassen, um sicherzustellen, dass diese von den Insolvenzbehörden akzeptiert werden. Eine Schuldnerberatungsstelle oder ein Anwalt für Insolvenzrecht kann Ihnen bei der Auswahl geeigneter Stellen und Anwälte helfen und Ihnen weitere Informationen zur Verfügung stellen.

Bei der Kommunikation mit dem Insolvenzverwalter sollten Sie die Bescheinigungen ordnungsgemäß vorlegen und erläutern, welche finanziellen Unterstützungen oder Verpflichtungen berücksichtigt werden sollen. Es ist ratsam, die Bescheinigungen frühzeitig einzureichen, damit der Insolvenzverwalter den Pfändungsfreibetrag entsprechend anpassen kann.

Durch den Nachweis von Kindergeld, Unterhaltszahlungen und unterhaltsberechtigten Personen können Sie Ihren Pfändungsfreibetrag erhöhen und somit mehr finanziellen Spielraum während des Insolvenzverfahrens erhalten. Dies kann Ihnen helfen, Ihre finanzielle Situation besser zu bewältigen und Ihre Schulden schneller abzubauen.

DAS P KONTO

Schutz Des Pfändungsfreien Betrags Und Finanzielle Sicherheit

Das Pfändungsschutzkonto, kurz P-Konto, ist ein spezielles Bankkonto, das dazu dient, den pfändungsfreien Betrag einer Person zu schützen. Es wurde eingeführt, um sicherzustellen, dass Menschen, die von Pfändungen betroffen sind, weiterhin über einen bestimmten Betrag an liquiden Mitteln verfügen, um ihren Lebensunterhalt bestreiten zu können. Das P-Konto bietet somit einen gewissen Schutz vor finanzieller Notlage und stellt sicher, dass grundlegende Lebenshaltungskosten gedeckt sind.

Die Funktionsweise eines P-Kontos ist relativ einfach. Wenn eine Person ein P-Konto eröffnet, wird automatisch ein monatlicher Freibetrag festgelegt, der vor Pfändungen geschützt ist. Dieser Freibetrag orientiert sich an den gesetzlichen Vorgaben und kann je nach persönlicher Situation variieren. Jeder Geldeingang auf dem Konto wird zunächst auf den Freibetrag angerechnet und steht dem Kontoinhaber zur freien Verfügung. Beträge, die über den Freibetrag hinausgehen, können unter bestimmten Voraussetzungen gepfändet werden.

Ein großer Vorteil des P-Kontos besteht darin, dass es den Schutz des pfändungsfreien Betrags automatisch gewährleistet. Es ist nicht erforderlich, dies gesondert beim Gericht oder Gläubiger zu beantragen. Zudem ermöglicht das P-Konto die uneingeschränkte Nutzung von bargeldlosen Zahlungsmitteln wie der EC-Karte. So können Alltagsausgaben wie Miete, Einkäufe und Rechnungen problemlos getätigt werden.

Jeder, der über ein Girokonto verfügt, kann ein P-Konto eröffnen. Es gibt keine Einschränkungen hinsichtlich des Einkommens, der Beschäftigung oder des Schufa-Scores. Die Eröffnung eines P-Kontos kann sowohl bei Filialbanken als auch bei Online-Banken erfolgen. Es ist ratsam, sich bei verschiedenen Banken nach den Konditionen für ein P-Konto zu erkundigen, da nicht alle Banken diese Option anbieten.

Trotz der Vorteile gibt es auch einige Nachteile, die mit einem P-Konto verbunden sein können. Einige Gläubiger könnten skeptisch reagieren, wenn sie erfahren, dass der Schuldner ein P-Konto besitzt. Darüber hinaus können Überweisungen oder Daueraufträge aufgrund des begrenzten verfügbaren Betrags eingeschränkt sein.

Bietet Mir Das P – Konto Schutz Vor Pfändungen?

Ja, das P-Konto bietet Schutz vor Pfändungen. Der pfändungsfreie Betrag, der auf dem P-Konto festgelegt wird, dient dazu, sicherzustellen, dass ein bestimmter Betrag des Einkommens vor Gläubigerpfändungen geschützt ist. Dieser Betrag variiert je nach persönlicher Situation und gesetzlichen Vorgaben. Alle Geldeingänge auf dem P-Konto, die den Freibetrag nicht überschreiten, sind vor Pfändungen geschützt und stehen dem Kontoinhaber zur freien Verfügung. Durch diese Schutzfunktion ermöglicht das P-Konto den Betroffenen, trotz bestehender Schulden über einen gewissen finanziellen Spielraum zu verfügen und ihre grundlegenden Lebenshaltungskosten zu decken. Es ist jedoch zu beachten, dass Beträge über den Freibetrag hinaus unter bestimmten Voraussetzungen gepfändet werden können.

Das Guthaben auf einem P-Konto kann unter bestimmten Umständen mit einer entsprechenden Bescheinigung erhöht werden. In der Regel erfolgt dies, wenn der pfändungsfreie Betrag auf dem P-Konto nicht ausreicht, um die grundlegenden Lebenshaltungskosten des Kontoinhabers zu decken. Um eine Erhöhung des Guthabens zu beantragen, ist es erforderlich, eine Bescheinigung vorzulegen, die die zusätzlichen finanziellen Belastungen belegt.

Typische Beispiele für solche Belastungen können Unterhaltszahlungen für Kinder oder andere unterhaltsberechtigte Personen sein. Hierzu zählen beispielsweise Kindergeld oder Unterhaltszahlungen gemäß einer gerichtlichen Vereinbarung. Diese Bescheinigungen müssen von den entsprechenden Stellen oder Anwälten ausgestellt werden und sollten alle relevanten Informationen enthalten, um die erhöhten finanziellen Verpflichtungen nachzuweisen.

Es ist wichtig anzumerken, dass die Erhöhung des Guthabens auf dem P-Konto von der zuständigen Bank genehmigt werden muss. Nicht alle Banken bieten automatisch eine Erhöhung an, daher ist es ratsam, im Vorfeld bei der eigenen Bank nachzufragen, ob sie dieses Verfahren unterstützt. Mit der Vorlage der Bescheinigung kann der Kontoinhaber dann einen Antrag auf Erhöhung des pfändungsfreien Betrags stellen und die Bank prüft, ob die Voraussetzungen erfüllt sind und das Guthaben entsprechend angepasst werden kann.

Es ist zu beachten, dass die erhöhte Freigrenze nur für den Zeitraum gilt, der in der Bescheinigung festgelegt ist und dass die Bank möglicherweise regelmäßig aktualisierte Bescheinigungen verlangt, um die fortlaufenden finanziellen Verpflichtungen zu überprüfen. Es empfiehlt sich daher, mit der zuständigen Bank in Kontakt zu bleiben und eventuelle Änderungen der persönlichen finanziellen Situation rechtzeitig zu kommunizieren.

Die Freigrenze Auf Dem P-Konto: Richtlinien Und Anpassungen

Die Freigrenze auf einem P-Konto, auch bekannt als der pfändungsfreie Betrag, er ist ein wichtiger Aspekt für den Schutz des Guthabens vor Pfändungen. Die Höhe der Freigrenze richtet sich nach gesetzlichen Bestimmungen und wird regelmäßig angepasst, um den steigenden Lebenshaltungskosten gerecht zu werden.

Die genaue Höhe der Freigrenze wird durch die sogenannte Pfändungstabelle festgelegt. Diese Tabelle berücksichtigt unter anderem den monatlichen Nettoverdienst, die Anzahl der unterhaltsberechtigten Personen sowie weitere individuelle Faktoren. Es ist wichtig zu beachten, dass die Freigrenze für jeden Einzelfall unterschiedlich sein kann.

Die Anpassung der Freigrenze erfolgt in der Regel automatisch durch die Bank, sobald eine gesetzliche Erhöhung vorgenommen wird. Die Banken sind gesetzlich dazu verpflichtet, die aktuellen Bestimmungen zu berücksichtigen und die Freigrenze entsprechend anzupassen. Als Kontoinhaber müssen Sie in diesem Fall keine gesonderten Schritte unternehmen, um von der Erhöhung zu profitieren.

Es gibt jedoch auch Ausnahmen, in denen eine manuelle Anpassung erforderlich sein kann. Dies kann der Fall sein, wenn Sie beispielsweise eine Bescheinigung für eine erhöhte Freigrenze aufgrund von zusätzlichen finanziellen Belastungen vorlegen möchten, wie im vorherigen Thema besprochen. In solchen Fällen müssen Sie die Bescheinigung bei Ihrer Bank einreichen und einen Antrag auf Erhöhung der Freigrenze stellen.

Es ist wichtig, regelmäßig die aktuellen gesetzlichen Bestimmungen und eventuelle Änderungen der Freigrenze im Blick zu behalten. Informieren Sie sich bei Ihrer Bank oder einer Schuldnerberatungsstelle über etwaige Anpassungen und stellen Sie sicher, dass Ihr P-Konto stets den aktuellen Bestimmungen entspricht.

Bitte beachten Sie, dass dieser Abschnitt eine allgemeine Information darstellt und keine rechtliche Beratung ersetzt. Im Zweifelsfall sollten Sie sich immer an einen Anwalt oder eine Schuldnerberatungsstelle wenden, um Ihre individuelle Situation zu klären.

Wichtige Aspekte Beim P-Konto, Verfügbaren Betrag Im Blick Behalten

Bei der Einrichtung eines P-Kontos gibt es noch weitere wichtige Aspekte zu beachten. Einer davon ist, dass nicht das gesamte Guthaben immer uneingeschränkt verfügbar ist. Besonders gegen Ende des Monats sollten Sie den "Verfügbaren Betrag" im Auge behalten, den Sie abheben können. Dies ist entscheidend, um ungewollte Zahlungsprobleme zu vermeiden, bei denen Sie trotz ausreichendem Guthaben mit Ihrer Karte keine Einkäufe tätigen können, da das Guthaben noch nicht freigegeben wurde.

Des Weiteren ist es von Bedeutung zu wissen, dass Sie ein P-Konto auch dann einrichten können, wenn Ihre Bank das Konto aufgrund einer Vollstreckung gesperrt hat. Nicht alle Banken geben darüber eine Benachrichtigung aus, daher sollten Sie Ihr Konto selbst im Blick behalten und gegebenenfalls mit Bargeld bezahlen, um den Überblick zu behalten.

Bitte beachten Sie, dass die Erstellung eines P-Kontos bis zu 5 Tage dauern kann. Planen Sie daher genügend Zeit ein, um die notwendigen Schritte rechtzeitig zu erledigen und von den Vorteilen eines P-Kontos profitieren zu können.

Halten Sie Ihren "Verfügbaren Betrag" im Auge, behalten Sie Ihre Kontobewegungen im Blick und sichern Sie sich die finanzielle Stabilität, die Ihnen ein P-Konto bietet.

KAPITEL VI

Im sechsten Kapitel widmen wir uns dem Ende der Privatinsolvenz. Wir betrachten die Schuldbefreiung und welche Konsequenzen eintreten können, wenn man sich nicht an die Regeln während des Insolvenzverfahrens hält. Zudem stellen wir verschiedene Möglichkeiten vor, wie die Privatinsolvenz vor Ablauf beendet werden kann. Abschließend werden Erfolgsgeschichten geteilt, die Mut machen und inspirieren. Außerdem gehen wir auf das Thema Erbschaft ein und welche Folgen dies für die Erben haben kann, wenn der Insolvente verstirbt.

DIE SCHULDBEFREIUNG NACH DER PRIVATINSOLVENZ

Was Kommt Nach Dem Ende Des Verfahrens?

Nach drei Jahren harter Arbeit und finanzieller Umstrukturierung ist es endlich soweit - Ihre Privatinsolvenz ist erfolgreich abgeschlossen. Herzlichen Glückwunsch! Doch was passiert nun nach dem Ende des Verfahrens? In diesem Abschnitt widmen wir uns der Schuldbefreiung, der Sperrfrist für eine erneute Insolvenz und der Speicherung Ihrer Daten durch das Insolvenzgericht. Außerdem erfahren Sie, wann der richtige Zeitpunkt für einen Antrag auf Löschung bei der Schufa gekommen ist.

Zunächst zur erfreulichen Nachricht: Durch das erfolgreiche Absolvieren des Insolvenzverfahrens haben Sie die Möglichkeit, eine Restschuldbefreiung zu erlangen. Dies bedeutet, dass Ihre verbleibenden Schulden nach Ende der Insolvenz erlassen werden. Die genaue Dauer des Schulderlasses kann variieren, beträgt jedoch in den meisten Fällen drei Jahre ab dem Tag der Eröffnung des Insolvenzverfahrens. Es ist wichtig zu beachten, dass bestimmte Schulden wie beispielsweise Unterhaltspflichten oder Geldstrafen von der Restschuldbefreiung ausgeschlossen sein können.

Nun zur Sperrfrist für eine erneute Insolvenz: Nachdem Sie die Privatinsolvenz erfolgreich durchlaufen haben, müssen Sie eine gewisse Zeit warten, bevor Sie erneut einen Insolvenzantrag stellen können. Die Sperrfrist beträgt in der Regel elf Jahre ab dem Tag der Eröffnung des vorangegangenen

Insolvenzverfahrens. Dies dient dazu, sicherzustellen, dass das Insolvenzverfahren nicht missbraucht wird und Ihnen eine gewisse Zeit zur finanziellen Neuausrichtung ermöglicht wird.

Was die Speicherung Ihrer Daten betrifft, so wird das Insolvenzgericht Ihre Insolvenzdaten für eine bestimmte Zeit öffentlich aufbewahren. Die genaue Dauer kann je nach Land oder Gerichtsbarkeit unterschiedlich sein. In einigen Ländern werden die Insolvenzdaten beispielsweise für einen Zeitraum von drei bis fünf Jahren öffentlich gespeichert. Danach werden sie in der Regel nicht mehr öffentlich zugänglich sein. Es ist jedoch wichtig anzumerken, dass die Speicherung Ihrer Insolvenzdaten bei Auskunfteien wie der Schufa oder anderen Kreditinstituten weiterhin erfolgen kann.

Abschließend zur Löschung bei der Schufa: Nachdem die Speicherfrist für Ihre Insolvenz abgelaufen ist und Sie die Restschuldbefreiung erhalten haben, können Sie einen Antrag auf Löschung Ihrer Insolvenzdaten bei der Schufa stellen. Seit dem Jahr 2023 bereits nach 6 Monaten nach der Beendigung der Insolvenz. Dieser Schritt ist wichtig, um Ihre Kreditwürdigkeit wiederherzustellen und einen Neuanfang in finanzieller Hinsicht zu ermöglichen. Es ist ratsam, sich hierbei von einem Experten, wie beispielsweise einem Anwalt oder einer Schuldnerberatungsstelle, beraten zu lassen, um den Prozess reibungslos und effektiv durchzuführen.

KONSEQUENZEN BEI NICHTERFÜLLUNG VON VERPFLICHTUNGEN

Während Der Privatinsolvenz

Die Privatinsolvenz bietet Schuldnerinnen und Schuldnern die Möglichkeit, sich von erdrückenden Schulden zu befreien und einen finanziellen Neuanfang zu wagen. Allerdings ist es wichtig, während des Verfahrens bestimmte Verpflichtungen zu erfüllen. Doch was passiert, wenn man sich nicht an diese Verpflichtungen hält? Hat dies Auswirkungen auf die Privatinsolvenz und die Erlassung der Schulden?

Wenn ein Schuldner während der Privatinsolvenz seinen Verpflichtungen nicht nachkommt, kann dies schwerwiegende Konsequenzen haben. Eine häufige Folge ist die Aufhebung der Privatinsolvenz. Das bedeutet, dass das Insolvenzverfahren vorzeitig beendet wird und die verbleibenden Schulden nicht erlassen werden. Die Gläubiger erhalten somit die Möglichkeit, ihre Forderungen wieder geltend zu machen. Dies kann zu einer erneuten finanziellen Belastung für den Schuldner führen und den angestrebten Neuanfang gefährden.

Es ist wichtig zu verstehen, dass die Privatinsolvenz aufgrund von Obliegenheitsverletzungen beendet werden kann. Diese Verletzungen beziehen sich auf Pflichten, die der Schuldner während des Verfahrens erfüllen muss. Dazu gehören beispielsweise die Offenlegung aller finanziellen Verhältnisse, die regelmäßige Abgabe von Einkommensnachweisen sowie die Zahlung von pfändbaren Beträgen an den Insolvenzverwalter.

Darüber hinaus ist es wichtig, den Insolvenzverwalter über Veränderungen der finanziellen Situation zu informieren.

Die Beendigung der Privatinsolvenz aufgrund von Obliegenheitsverletzungen hat erhebliche Auswirkungen auf den Schuldner. Neben der erneuten Belastung mit den Schulden kann dies auch zu einem Verlust des bereits erreichten Fortschritts führen. Der mühsam erarbeitete Neuanfang wird abrupt unterbrochen, und der Schuldner muss möglicherweise von vorne beginnen.

Es ist daher von entscheidender Bedeutung, während der Privatinsolvenz die Verpflichtungen ernst zu nehmen und sie gewissenhaft zu erfüllen. Eine verantwortungsbewusste und ehrliche Herangehensweise ist notwendig, um das Vertrauen des Insolvenzverwalters und des Gerichts zu erhalten und den Erfolg des Insolvenzverfahrens sicherzustellen. Eine gute Kommunikation mit dem Insolvenzverwalter und gegebenenfalls mit einer Schuldnerberatungsstelle kann dabei helfen, eventuelle Probleme frühzeitig zu erkennen und Lösungen zu finden.

Insgesamt ist es entscheidend, dass der Schuldner während der Privatinsolvenz seine Verpflichtungen gewissenhaft erfüllt. Nur so kann das Verfahren erfolgreich abgeschlossen werden und die Schulden tatsächlich erlassen werden.

VORZEITIGE BEENDIGUNG DER PRIVATINSOLVENZ

Möglichkeiten Und Beispiele Für Einen Schuldenschnitt

Die Privatinsolvenz ist ein oft langwieriger Prozess, der Schuldnerinnen und Schuldnern die Möglichkeit bietet, sich von erdrückenden Schulden zu befreien. In der Regel dauert das Insolvenzverfahren drei Jahre, während denen der Schuldner seine finanzielle Situation neu ordnet und pfändbares Einkommen an den Insolvenzverwalter abführt. Doch gibt es auch Situationen, in denen es möglich ist, die Privatinsolvenz vorzeitig zu beenden, beispielsweise durch einen Freikauf mit Schuldenschnitt. Im Folgenden werden verschiedene Möglichkeiten und Beispiele dafür erläutert.

1. Freikauf Durch Zahlung Eines Bestimmten Betrags

In einigen Fällen können Schuldnerinnen und Schuldner mit Hilfe von Dritten, wie beispielsweise Familienmitgliedern oder Freunden, einen Freikauf vereinbaren. Dabei wird eine bestimmte Geldsumme angeboten, um die verbleibenden Schulden zu begleichen und die Privatinsolvenz vorzeitig zu beenden. Der Gläubiger stimmt dem Schuldenschnitt zu und erlässt die restlichen Forderungen.

Beispiel: Peter hat während der Privatinsolvenz hart gearbeitet und es gelingt ihm, einen Teil der Schulden durch zusätzliche Einnahmen anzusparen. Mit der Unterstützung seiner

Familie kann er seinen Gläubigern ein Angebot machen, bei dem er einen bestimmten Betrag als Einmalzahlung zur Begleichung der Schulden anbietet. Dadurch gelingt es ihm, die Privatinsolvenz vorzeitig zu beenden.

2. Einvernehmlicher Vergleich Mit Den Gläubigern

In einigen Fällen können Schuldnerinnen und Schuldner mit ihren Gläubigern einen einvernehmlichen Vergleich aushandeln. Dabei werden die Schulden in einem festgelegten Prozentsatz reduziert, und der Schuldner verpflichtet sich, den vereinbarten Betrag innerhalb eines bestimmten Zeitraums zu zahlen. Durch den Vergleich wird die Privatinsolvenz vorzeitig beendet, und der Schuldner erhält einen Schuldenschnitt.

Beispiel: Lisa ist während der Privatinsolvenz beruflich aufgestiegen und verdient nun deutlich mehr als zuvor. Sie geht auf ihre Gläubiger zu und schlägt ihnen vor, die Schulden durch einen einvernehmlichen Vergleich zu reduzieren. Nach Verhandlungen stimmen die Gläubiger einem Schuldenschnitt zu, und Lisa kann die verbleibenden Schulden in einem festgelegten Zeitraum abbezahlen.

3. Härtefallregelung

In besonderen Härtefällen besteht die Möglichkeit, die Privatinsolvenz vorzeitig zu beenden. Hierbei wird geprüft, ob die Fortführung des Insolvenzverfahrens für den Schuldner unzumutbar ist. Dies kann beispielsweise der Fall sein, wenn der Schuldner schwer erkrankt ist oder besondere familiäre Umstände vorliegen. In solchen Fällen kann das Gericht auf Antrag die Insolvenz vorzeitig beenden.

4. Vorzeitige Beendigung Durch Den

Insolvenzverwalter

Im Insolvenzverfahren ist es nicht ungewöhnlich, dass der Insolvenzverwalter mit Zustimmung des Gerichts und der Gläubigerversammlung das Verfahren vor Ablauf beendet, wenn absehbar ist, dass beim Schuldner keine ausreichenden finanziellen Mittel vorhanden sind. Diese vorzeitige Beendigung ermöglicht es dem Schuldner, direkt in die Wohlverhaltensphase einzutreten und birgt verschiedene Bedeutungen für seine finanzielle Zukunft.

Die vorzeitige Beendigung des Insolvenzverfahrens ist eine pragmatische Lösung, wenn abzusehen ist, dass der Schuldner nicht in der Lage sein wird, die Schulden zu begleichen. Dies kann verschiedene Gründe haben, wie beispielsweise dauerhafte Arbeitslosigkeit, schwere gesundheitliche Probleme oder andere unvorhersehbare Umstände. Anstatt den Schuldner weiterhin mit den Belastungen des Insolvenzverfahrens zu konfrontieren, bietet die vorzeitige Beendigung die Möglichkeit, einen Neustart zu wagen.

Fazit

Ein wesentlicher Vorteil der vorzeitigen Beendigung ist der Beginn der Wohlverhaltensphase. In dieser Phase kann der Schuldner seine finanziellen Angelegenheiten wieder selbstständig regeln, ohne die Einmischung des Insolvenzverwalters. Dies bedeutet, dass der Schuldner die Möglichkeit hat, ein geordnetes Leben ohne die ständige Überwachung und Einschränkungen des Insolvenzverfahrens zu führen.

Darüber hinaus eröffnet die vorzeitige Beendigung des Insolvenzverfahrens neue Perspektiven für den Schuldner. Indem er frühzeitig in die Wohlverhaltensphase übergeht, kann der Schuldner schneller eine positive Bonität aufbauen und seine finanzielle Unabhängigkeit wiedererlangen. Dies bietet ihm die Möglichkeit, einen Kredit aufzunehmen, Mietverträge abzuschließen oder auch wieder als Selbstständiger tätig zu werden.

Es ist wichtig zu betonen, dass die vorzeitige Beendigung des Insolvenzverfahrens immer mit Zustimmung des Gerichts und der Gläubigerversammlung erfolgt. Dies stellt sicher, dass alle beteiligten Parteien angemessen berücksichtigt werden und das Verfahren rechtmäßig abgeschlossen wird. Zudem ist zu beachten, dass die vorzeitige Beendigung des Insolvenzverfahrens nicht automatisch eine Restschuldbefreiung zur Folge hat. Der Schuldner muss weiterhin seine Verpflichtungen erfüllen und die verbleibenden Schulden nach den geltenden Vorschriften begleichen.

ERFOLGSGESCHICHTEN

Erfolgsgeschichte 1: Anna - Neuanfang Durch Berufliche Weiterbildung

Anna meldete sich aufgrund von schwerer Überschuldung zur Privatinsolvenz an. Während des Insolvenzverfahrens nutzte sie die Zeit, um sich beruflich weiterzubilden und ihre Fähigkeiten zu verbessern. Nach dem Abschluss der Insolvenz fand sie eine neue Anstellung in einem Unternehmen, das ihre neuen Qualifikationen schätzte. Mit einem besseren Einkommen konnte Anna ihre Finanzen stabilisieren, ihre Schulden zurückzahlen und ein glücklicheres und zufriedeneres Leben führen.

Erfolgsgeschichte 2: Max - Schuldenschnitt Und Finanzielle Disziplin

Max erkannte, dass er allein nicht in der Lage war, seine Schulden abzuzahlen, und meldete sich zur Privatinsolvenz an. Während des Verfahrens arbeitete er eng mit seinem Insolvenzverwalter zusammen und schaffte es, einen Schuldenschnitt mit seinen Gläubigern auszuhandeln. Max lernte, mit seinem Geld disziplinierter umzugehen und einen strikten Budgetplan einzuhalten. Nach Abschluss der Privatinsolvenz hatte er nicht nur seine Schulden beglichen, sondern auch genügend Rücklagen aufgebaut, um ein finanziell stabiles Leben zu führen.

Erfolgsgeschichte 3: Sarah - Unterstützung Durch Schuldnerberatung

Sarah wandte sich an eine Schuldnerberatungsstelle und meldete sich zur Privatinsolvenz an, als sie mit erdrückenden Schulden konfrontiert wurde. Die Schuldnerberater halfen ihr, ihre finanzielle Situation zu analysieren und einen Plan zur Schuldenbewältigung zu entwickeln. Während der Insolvenz erhielt Sarah regelmäßige Unterstützung und Rat von den Schuldnerberatern. Nach Abschluss der Privatinsolvenz hatte Sarah nicht nur ihre Schulden abbezahlt, sondern auch gelernt, wie sie ihre Finanzen besser verwalten kann. Sie konnte ein sorgenfreieres und stressfreieres Leben führen.

Erfolgsgeschichte 4: Thomas - Rückhalt Durch Familie Und Freunde

Thomas erlitt einen schweren finanziellen Rückschlag und sah sich mit einer hohen Überschuldung konfrontiert. Er entschied sich zur Privatinsolvenz und erhielt dabei viel Unterstützung von seiner Familie und seinen engen Freunden. Sie halfen ihm nicht nur emotional, sondern auch finanziell, indem sie ihm bei der Tilgung seiner Schulden halfen. Nach der Beendigung der Insolvenz konnte Thomas dank der Unterstützung seines sozialen Netzwerks wieder auf die Beine kommen. Er konnte seine finanzielle Situation stabilisieren und ein erfüllteres und glücklicheres Leben führen.

Fazit

Diese Erfolgsgeschichten zeigen, dass die Privatinsolvenz eine Chance für einen Neuanfang sein kann. Durch die richtige Unterstützung, finanzielle Disziplin und die Bereitschaft, aus den Fehlern der Vergangenheit zu lernen, können Menschen ihre Schulden abbauen und ein zufriedeneres Leben führen. Es ist wichtig zu betonen, dass jeder individuelle Fall unterschiedlich ist.

AUSWIRKUNGEN DES TODES EINES SCHULDNERS

Während Des Insolvenzverfahrens Auf Die Schulden Und Die Erben

Das Insolvenzverfahren dient dazu, überschuldeten Personen eine Möglichkeit zur Entlastung von Schulden zu bieten. Doch was geschieht, wenn ein Schuldner vor Abschluss des Verfahrens verstirbt? Welche Auswirkungen hat dies auf die Schulden und welche Konsequenzen ergeben sich für die Erben? In diesem Kapitel werden wir uns mit dieser Thematik auseinandersetzen und einen Überblick über die rechtlichen und finanziellen Implikationen geben.

Schulden Des Verstorbenen Während Des Insolvenzverfahrens

Wenn ein Schuldner während des Insolvenzverfahrens verstirbt, bedeutet dies nicht automatisch, dass seine Schulden erlassen werden. Das Insolvenzverfahren wird fortgeführt und die Gläubiger haben weiterhin das Recht, ihre Forderungen geltend zu machen. Die Verwaltung des Nachlasses und die Begleichung der Schulden erfolgen im Rahmen des Insolvenzverfahrens.

Eintritt Der Erben In Das Insolvenzverfahren

Die Erben treten nach dem Tod des Schuldners in das Insolvenzverfahren ein. Sie übernehmen die Rolle des Verstorbenen und sind verpflichtet, mit dem

Insolvenzverwalter zusammenzuarbeiten. Die Erben müssen dem Insolvenzverwalter alle relevanten Informationen über den Nachlass zur Verfügung stellen und bei der Abwicklung des Verfahrens mitwirken.

Haftung Der Erben Für Die Schulden

Die Erben haften grundsätzlich mit dem Nachlass für die Schulden des Verstorbenen. Das bedeutet, dass die Gläubiger ihre Forderungen aus dem Nachlass befriedigen können. Allerdings sind die Haftungsbeschränkungen je nach Rechtsordnung unterschiedlich. Es ist ratsam, einen Rechtsanwalt oder einen Nachlassverwalter zu konsultieren, um die genauen Haftungsregelungen im jeweiligen Land oder Bundesland zu klären.

Verteilung Des Nachlasses Und Bedeutung Der Insolvenzquote

Im Insolvenzverfahren wird der Nachlass des Verstorbenen verwertet, um die Gläubiger zu befriedigen. Die Gläubiger erhalten eine Quote aus dem Nachlass, die auf ihre Forderungen angewendet wird. Die Verteilung erfolgt gemäß den gesetzlichen Bestimmungen und der Rangfolge der Gläubiger. Die Erben erhalten nur den verbleibenden Teil des Nachlasses, wenn nach der Befriedigung der Gläubigerforderungen noch Vermögen übrig ist.

Ausnahmen Und Besonderheiten

Es gibt Situationen, in denen der Tod des Schuldners während des Insolvenzverfahrens besondere Auswirkungen haben kann. Beispielsweise können im Falle einer Restschuldbefreiung bestimmte Schulden erlassen werden, auch wenn der Schuldner verstorben ist. Es ist wichtig, die spezifischen Gesetze und Bestimmungen des jeweiligen Rechtssystems zu prüfen, um alle möglichen Szenarien zu verstehen.

ERBSCHAFT MIT SCHULDEN VERMEIDEN

Was Erwachsene Und Kinder Beachten Sollten

Die Aussicht auf eine Erbschaft kann einerseits Freude, andererseits aber auch Sorgen mit sich bringen, insbesondere wenn das Erbe mit Schulden belastet ist. In solchen Fällen stellt sich die Frage, wie man ein Erbe ablehnen oder vermeiden kann, um nicht für die Schulden des Verstorbenen haftbar zu werden. Sowohl Erwachsene als auch Kinder sollten bestimmte Aspekte beachten, um die richtigen Entscheidungen zu treffen.

Für Erwachsene

1. Rechtzeitig informieren: Sobald man von einer möglichen Erbschaft erfährt, ist es wichtig, sich umgehend über den Nachlass und eventuelle Schulden zu informieren. Hierbei können ein Notar, ein Rechtsanwalt oder ein Nachlassverwalter hilfreich sein, um einen genauen Überblick über die finanzielle Situation zu erhalten.

2. Erbausschlagung prüfen: Wenn man Kenntnis von erheblichen Schulden des Erblassers hat, kann die Erbausschlagung in Betracht gezogen werden. Hierbei sollte man jedoch bedenken, dass eine Ausschlagung nur innerhalb einer bestimmten Frist und unter bestimmten Voraussetzungen möglich ist. Eine rechtliche Beratung ist ratsam, um die Konsequenzen und Risiken einer Erbausschlagung zu verstehen.

3. Haftungsbeschränkungen prüfen: In einigen Rechtssystemen gibt es Beschränkungen bezüglich der Haftung für Schulden des Verstorbenen. Es ist wichtig, die geltenden Gesetze und Bestimmungen zu kennen, um eine informierte Entscheidung zu treffen. Ein Rechtsanwalt kann hierbei unterstützen.

Für Kinder

1. Vormundschaft prüfen: Wenn minderjährige Kinder eine Erbschaft erhalten, müssen ihre Eltern oder gesetzlichen Vertreter die Entscheidungen im Namen der Kinder treffen. In solchen Fällen ist es wichtig, den Erbprozess und die damit verbundenen Schulden sorgfältig zu prüfen und eine Entscheidung zum Wohl des Kindes zu treffen.

2. Gerichtliche Genehmigung einholen: In einigen Rechtssystemen müssen Eltern oder gesetzliche Vertreter die Erbschaftsannahme oder -ausschlagung für minderjährige Kinder vor Gericht beantragen. Dies dient dem Schutz der Interessen des Kindes und erfordert die Genehmigung durch das Gericht.

3. Nachlassverwaltung erwägen: Unter bestimmten Umständen kann es sinnvoll sein, einen Nachlassverwalter zu ernennen, der die finanziellen Angelegenheiten im Namen des Kindes regelt. Ein Nachlassverwalter kann sicherstellen, dass Schulden des Erblassers angemessen verwaltet und geregelt werden, ohne das Kind zu belasten.

Fazit

Die Vermeidung eines mit Schulden belasteten Erbes erfordert eine gründliche Prüfung der finanziellen Situation und die Kenntnis der geltenden Gesetze und Bestimmungen. Sowohl

Erwachsene als auch Kinder sollten sich rechtzeitig informieren und professionellen Rat einholen.

KAPITEL VII

Im siebten und letzten Kapitel dieses Buches möchte ich Ihnen einige Vorlagen für Freigaben beim Insolvenzverwalter mit auf den Weg geben. Ich habe die wichtigsten bereits für Sie vorformuliert, um Ihnen die Beantragung zu erleichtern. Zudem werden wir in diesem Kapitel noch einmal ausführlich auf die Bescheinigung für das P-Konto eingehen und wie Sie diese erhöhen können. Wir werden auch über Grauzonen sprechen, wie beispielsweise das Schaffen von Geld zur Seite. Des Weiteren werde ich Ihnen einige relevante Gesetze zum Nachschlagen zur Verfügung stellen sowie Buchempfehlungen zur finanziellen Intelligenz für Erwachsene und Kinder.

Dieser abschließende Teil des Buches bietet Ihnen praktische Werkzeuge und weiterführende Informationen, die Ihnen helfen sollen, Ihre finanzielle Situation nachhaltig zu verbessern.

VORLAGEN UND WISSENSWERTES

Vorlagen Für Den Insolvenzverwalter Freigaben Beantragen Und Finanzielle Vorsorge Treffen

Im letzten Teil dieses Buches werfen wir einen Blick auf Vorlagen, die Ihnen dabei helfen können, Freigaben bei Ihrem Insolvenzverwalter zu beantragen. Zudem werden wir uns die Möglichkeiten anschauen, wie Sie während der Insolvenz Geld beiseitelegen können. Dabei ist es wichtig, die gesetzlichen Bestimmungen und Verordnungen zur Privatinsolvenz zu kennen, um Ihre finanzielle Situation optimal zu gestalten. Abschließend möchten wir Ihnen noch einige allgemeine Buchempfehlungen geben, die Ihnen helfen können, finanzielle Intelligenz zu erlangen.

Es ist entscheidend, dass Sie die richtigen Schritte unternehmen, um Ihre finanzielle Situation während einer Insolvenz bestmöglich zu managen. Freigaben ermöglichen es Ihnen, einen Teil Ihres Einkommens für bestimmte Ausgaben zu verwenden und eine gewisse finanzielle Stabilität aufrechtzuerhalten. Mit den richtigen Vorlagen können Sie Ihren Insolvenzverwalter um Freigaben für wichtige Ausgaben wie z.B. Reparaturen oder Bildungsmaßnahmen bitten.

Des Weiteren ist es sinnvoll, während der Insolvenz finanzielle Vorsorge zu treffen. Wir werden Ihnen einige Möglichkeiten aufzeigen, wie Sie Geld beiseitelegen können, um eventuelle unvorhergesehene Ausgaben abzudecken oder langfristig Vermögen aufzubauen. Dabei ist es jedoch wichtig zu beachten, dass es rechtliche Grenzen gibt, die beachtet werden müssen, um die Restschuldbefreiung nicht zu gefährden.

Zur Vertiefung Ihrer Kenntnisse über die Privatinsolvenz sollten Sie sich mit den relevanten Gesetzestexten und Verordnungen vertraut machen. Diese bieten Ihnen einen detaillierten Einblick in die rechtlichen Rahmenbedingungen und Vorschriften. Zudem werden wir Ihnen einige Buchempfehlungen geben, die Ihnen dabei helfen können, Ihre finanzielle Intelligenz zu verbessern und langfristig erfolgreich mit Geld umzugehen.

Mit den vorgestellten Vorlagen, Informationen zu gesetzlichen Bestimmungen und nützlichen Buchempfehlungen möchten wir Ihnen dabei helfen, Ihre finanzielle Situation während und nach der Insolvenz bestmöglich zu bewältigen und Ihre finanzielle Intelligenz zu stärken.

VORLAGEN FÜR DIE BEANTRAGUNG EINER FREIGABE

Vereinbarung Zur Beibehaltung Von Verträgen In Der Insolvenz Durch Selbstzahlung Aus Dem Selbstbehalt

In der Insolvenz stehen Schuldnerinnen und Schuldnern vor der Herausforderung, ihre finanzielle Situation zu ordnen und ihre Schulden zu bewältigen. Eine mögliche Lösung, um wichtige Verträge wie beispielsweise Mietverträge oder Versicherungsverträge aufrechtzuerhalten, besteht darin, eine Vereinbarung mit dem Insolvenzverwalter zu treffen. In dieser Vereinbarung verpflichtet sich der Schuldner, die Verträge weiterhin zu bedienen und die Kosten aus seinem Selbstbehalt zu begleichen. Im Gegenzug sichert der Insolvenzverwalter zu, die Verträge nicht zu kündigen. In diesem Teil werden wir eine Beispielvereinbarung und deren Erklärung vorstellen.
Vereinbarung zur Beibehaltung von Verträgen in der Insolvenz durch Selbstzahlung aus dem Selbstbehalt

1. Parteien: Diese Vereinbarung wird zwischen [Name des Schuldners] (im Folgenden "Schuldner") und [Name des Insolvenzverwalters] (im Folgenden "Insolvenzverwalter") geschlossen.

2. Hintergrund: Der Schuldner befindet sich in einem Insolvenzverfahren und möchte bestimmte Verträge aufrechterhalten, die für seine grundlegende Existenzsicherung von entscheidender Bedeutung sind. Der Insolvenzverwalter ist bereit, eine Vereinbarung zu treffen, um die Beibehaltung dieser

Verträge zu ermöglichen.

3. Verträge und Zahlungsvereinbarung: Der Schuldner und der Insolvenzverwalter vereinbaren, dass die folgenden Verträge trotz der Insolvenz des Schuldners aufrechterhalten werden:

- Mietvertrag für die Wohnung [Adresse]
- Versicherungsverträge (z. B. Haftpflichtversicherung, Krankenversicherung, Kfz-Versicherung)
- Telekommunikationsverträge (z. B. Mobilfunkvertrag, Internetvertrag)

Der Schuldner verpflichtet sich, die monatlichen Kosten dieser Verträge aus seinem Selbstbehalt, der nicht der Pfändung unterliegt, zu begleichen. Die genauen Kosten und Zahlungsmodalitäten werden in einem separaten Anhang zu dieser Vereinbarung festgehalten.

4. Kündigungsschutz: Der Insolvenzverwalter erklärt hiermit, dass er die oben genannten Verträge nicht kündigen wird, solange der Schuldner seinen Zahlungsverpflichtungen gemäß dieser Vereinbarung nachkommt. Der Schuldner erkennt jedoch an, dass bei Zahlungsrückständen oder Vertragsverletzungen durch ihn der Insolvenzverwalter berechtigt sein kann, die Verträge zu kündigen.

5. Dauer der Vereinbarung: Diese Vereinbarung tritt ab dem [Datum] in Kraft und bleibt während des gesamten Insolvenzverfahrens gültig, es sei denn, sie wird von einer der Parteien ordnungsgemäß gekündigt.

6. Zustimmung und Unterschrift Datum

Name und Unterschrift (Ihr Name)

Name und Unterschrift (Insolvenzverwalter)

ROUL INBLICH

Nebenkostenabrechnung

Der Schuldner erhält eine Nebenkostenabrechnung von seinem Vermieter, die eine Nachzahlung beinhaltet. Da es sich um eine notwendige Wohnkostenposition handelt, beantragt der Schuldner eine Freigabe beim Insolvenzverwalter. Er reicht die Nebenkostenabrechnung und eine Begründung ein, dass es sich um unabweisbare Kosten handelt, die zur Aufrechterhaltung des Mietverhältnisses und der Lebensgrundlage erforderlich sind.

Antrag auf Freigabe beim Insolvenzverwalter
Sehr geehrter Insolvenzverwalter,

hiermit beantrage ich, [Ihr Name], eine Freigabe für die Begleichung einer Nebenkostenabrechnung gemäß der mir vorliegenden Dokumente. Ich bitte Sie, die Notwendigkeit dieser Zahlung anzuerkennen, da es sich um unabweisbare Kosten handelt, die zur Aufrechterhaltung meines Mietverhältnisses und meiner Lebensgrundlage erforderlich sind.

Nachfolgend finden Sie die Details zur Nebenkostenabrechnung:

- Vermieter: [Name des Vermieters]
- Mietobjekt: [Adresse des Mietobjekts]
- Abrechnungszeitraum: [Zeitraum der Nebenkostenab
  rechnung]
- Nachzahlungsbetrag: [Betrag der Nachzahlung]
Ich möchte darauf hinweisen, dass die Begleichung dieser Nebenkostenabrechnung von großer Bedeutung ist, um eine angemessene Versorgung mit Strom, Wasser und Heizung sicherzustellen. Durch die Zahlung der Nachforderung kann ich mein Mietverhältnis aufrechterhalten und meinen gesetzlichen Verpflichtungen als Mieter nachkommen.

Ich lege Ihnen die Nebenkostenabrechnung bei und stehe Ihnen für weitere Informationen oder Unterlagen zur Verfügung, die Sie für die Bearbeitung meines Antrags benötigen.

Ich bitte Sie höflichst, meinen Antrag zu prüfen und mir so bald wie möglich eine Entscheidung mitzuteilen. Ich bin bestrebt, meine finanziellen Verpflichtungen im Rahmen der Insolvenzordnung zu erfüllen und bitte daher um Ihre Unterstützung, um diese notwendige Zahlung tätigen zu können.

Ich bedanke mich im Voraus für Ihre Bemühungen und stehe Ihnen bei Rückfragen gerne zur Verfügung.

Mit freundlichen Grüßen,
[Name] [Insolvenznummer] [Kontaktdaten]

Wichtige Privatgüter

Der Schuldner besitzt bestimmte private Gegenstände, die für ihn von hohem persönlichem oder emotionalen Wert sind, beispielsweise Familienfotos, Erinnerungsstücke oder persönliche Dokumente. Er beantragt eine Freigabe beim Insolvenzverwalter, um diese Gegenstände zu behalten und vor einer möglichen Verwertung im Insolvenzverfahren zu schützen. Der Schuldner muss die Gegenstände und deren Bedeutung für ihn detailliert beschreiben und gegebenenfalls entsprechende Nachweise vorlegen.

Antrag auf Freigabe beim Insolvenzverwalter

Sehr geehrter Insolvenzverwalter,

hiermit beantrage ich, [Ihr Name], eine Freigabe für den Verbleib bestimmter wichtiger Privatgüter, die für mich einen hohen persönlichen oder emotionalen Wert haben. Ich bitte Sie, die Bedeutung dieser Gegenstände anzuerkennen und sie vor einer möglichen Verwertung im Rahmen des Insolvenzverfahrens zu schützen.

Nachfolgend finden Sie eine detaillierte Beschreibung der betreffenden Gegenstände und ihre Bedeutung für mich:

1. [Beschreibung des Gegenstands 1]: Dieser Gegenstand hat einen großen sentimentalen Wert für mich, da er ein Erinnerungsstück an einen verstorbenen Angehörigen ist. Es handelt sich um [genaue Beschreibung des Gegenstands] und erinnert mich an besondere Momente und Erfahrungen, die mir viel bedeuten.

2. [Beschreibung des Gegenstands 2]: ...
3. [Beschreibung des Gegenstands 3]: ...

Ich verstehe die Regeln und Verfahren der Insolvenzordnung und bin bemüht, meinen finanziellen Verpflichtungen nachzukommen. Dennoch bitte ich um Ihre Zustimmung, diese wichtigen Privatgüter zu behalten, da sie für mich von unschätzbarem Wert sind und keinen wirtschaftlichen Nutzen für das Insolvenzverfahren haben.

Ich lege Ihnen entsprechende Nachweise wie Fotos, Erklärungen oder andere Belege bei, um die Bedeutung und den persönlichen Wert der genannten Gegenstände zu verdeutlichen.
Ich bitte Sie höflichst, meinen Antrag zu prüfen und mir so bald wie möglich eine Entscheidung mitzuteilen. Es liegt in meinem Interesse, die Insolvenzvorschriften einzuhalten und gleichzeitig meine persönlichen und emotionalen Bindungen zu wahren.

Ich bedanke mich im Voraus für Ihre Aufmerksamkeit und stehe Ihnen bei Rückfragen oder weiteren Informationen gerne zur Verfügung.

Mit freundlichen Grüßen,
[Name] [Insolvenznummer] [Kontaktdaten]

Erbstücke

Der Schuldner erbt wertvolle Erbstücke wie Schmuck, Kunstwerke oder Antiquitäten. Da diese Gegenstände einen ideellen und finanziellen Wert haben, beantragt der Schuldner eine Freigabe beim Insolvenzverwalter, um sie zu behalten und nicht in die Insolvenzmasse einzubeziehen. Der Schuldner legt eine detaillierte Liste der Erbstücke sowie eine Einschätzung ihres Wertes vor. Er kann auch Nachweise über den Erbfall und die rechtliche Eigentümerschaft erbringen, um seine Ansprüche zu belegen.

Antrag auf Freigabe beim Insolvenzverwalter

Sehr geehrter Insolvenzverwalter,

hiermit beantrage ich, [Ihr Name], eine Freigabe für den Verbleib wertvoller Erbstücke, die ich kürzlich geerbt habe. Diese Gegenstände, darunter Schmuck, Kunstwerke und Antiquitäten, besitzen nicht nur einen ideellen Wert für mich, sondern haben auch eine erhebliche finanzielle Bedeutung. Ich bitte Sie daher, diese Erbstücke von einer Einbeziehung in die Insolvenzmasse auszunehmen.

Im Folgenden finden Sie eine detaillierte Liste der geerbten Gegenstände sowie eine Einschätzung ihres Wertes:

1. [Beschreibung des Erbstücks 1]: Dieses Erbstück handelt es sich um einen wertvollen Schmuck, der von Generation zu Generation in unserer Familie weitergegeben wurde. Neben dem sentimentalen Wert hat er auch einen beträchtlichen finanziellen Wert, der sich auf [geschätzter Wert] beläuft.

2. [Beschreibung des Erbstücks 2]: Bei diesem Erbstück handelt es sich um ein Kunstwerk, das von einem renommierten

Künstler geschaffen wurde. Es ist nicht nur ein ästhetisches Meisterwerk, sondern hat auch eine erhebliche Investitionswert von [geschätzter Wert].

3. [Beschreibung des Erbstücks 3]: Dieses Erbstück ist eine Antiquität von historischem Wert. Es ist ein einzigartiges Stück, das nicht nur eine persönliche Bedeutung für mich hat, sondern auch auf dem Markt einen beträchtlichen Wert von [geschätzter Wert] hat.

Ich lege Ihnen sämtliche Nachweise vor, die den Erbfall, die rechtliche Eigentümerschaft und die Bewertung der genannten Erbstücke belegen. Dazu gehören beispielsweise ein Testament, ein Erbschein oder andere Dokumente, die meine Ansprüche untermauern.

Es ist mir bewusst, dass mein Insolvenzverfahren noch nicht abgeschlossen ist und ich meinen finanziellen Verpflichtungen weiterhin nachkommen muss. Dennoch bitte ich um Ihre Zustimmung, diese geerbten Gegenstände zu behalten, da sie nicht nur einen hohen ideellen Wert für mich haben, sondern auch eine finanzielle Sicherheit darstellen, die mir bei meinem Neuanfang nach der Insolvenz von Nutzen sein kann.

Ich bitte Sie höflichst, meinen Antrag zu prüfen und mir so bald wie möglich eine Entscheidung mitzuteilen. Sollten weitere Unterlagen oder Informationen erforderlich sein, stehe ich Ihnen gerne zur Verfügung.

Ich danke Ihnen im Voraus für Ihre Aufmerksamkeit und Ihr Verständnis für meine Situation. Ich bin zuversichtlich, dass Sie die Bedeutung dieser Erbstücke für mich würdigen und einer Freigabe zustimmen.

Mit freundlichen Grüßen,
[Name] [Insolvenznummer] [Kontaktdaten]

Guthaben Bei Der Nebenkosten Abrechnung

Betreff: Freigabenerbittung für die Behaltung der gutgeschriebenen Nebenkostenabrechnung

Sehr geehrter Herr/Frau [Insolvenzanwalt],
ich hoffe, dass Sie diese E-Mail in bester Gesundheit erreicht. Im Rahmen meines laufenden Insolvenzverfahrens möchte ich Sie höflich um Ihre Unterstützung und Freigabe bitten.

Wie Sie wissen, haben wir in den vergangenen Wochen die Nebenkostenabrechnung für meine Wohnadresse erhalten. Nach sorgfältiger Prüfung habe ich festgestellt, dass mir für den Abrechnungszeitraum eine Rückzahlung zusteht. Es handelt sich hierbei um einen Betrag in Höhe von [Betrag], der meinem Massekonto gutgeschrieben wurde.

Da ich das Insolvenzverfahren ordnungsgemäß durchführen möchte und gleichzeitig das Ziel habe, meine finanzielle Stabilität zu verbessern, möchte ich höflich darum bitten, dass Sie die Freigabe erteilen, dass ich diesen Betrag aus der gutgeschriebenen Nebenkostenabrechnung behalten darf.

Ich bin mir bewusst, dass im Insolvenzverfahren sämtliche Einkünfte und Vermögenswerte zur Masse gehören und für die Gläubiger verwendet werden. Jedoch bin ich der Überzeugung, dass es in diesem Fall im besten Interesse der Gläubiger liegt, wenn ich diesen Betrag zur Deckung meiner persönlichen Lebenshaltungskosten verwenden kann. Dies würde es mir ermöglichen, meine finanzielle Stabilität aufrechtzuerhalten und meine Insolvenzmasse für die Begleichung der Schulden zu verwenden.

Ich bin bereit, Ihnen alle erforderlichen Unterlagen und Nachweise vorzulegen, um die Richtigkeit der

Nebenkostenabrechnung und den Betrag der Rückzahlung zu bestätigen. Sollten Sie weitere Informationen oder Dokumente benötigen, stehe ich Ihnen gerne zur Verfügung.

Ich danke Ihnen im Voraus für Ihre wohlwollende Prüfung meines Anliegens und hoffe auf Ihre positive Entscheidung, mir die Freigabe zur Behaltung der gutgeschriebenen Nebenkostenabrechnung zu erteilen. Bitte lassen Sie mich wissen, wenn Sie weitere Informationen oder Unterstützung benötigen.

Mit freundlichen Grüßen,
[Name] [Insolvenznummer] [Kontaktdaten]

Freigabenerbittung Für Die Behaltung Der Gutgeschriebenen Versicherungsbeträge Nach Schadenregulierung

Sehr geehrter Herr/Frau [Insolvenzanwalt],

Im Rahmen meines laufenden Insolvenzverfahrens möchte ich höflich um Ihre Unterstützung und Freigabe bitten.

Kürzlich wurde mein Anspruch auf Schadensregulierung von meiner Krankenzusatzversicherung genehmigt. Nach eingehender Prüfung und Kommunikation mit der Versicherungsgesellschaft wurde mir mitgeteilt, dass ein Betrag in Höhe von [Betrag] zur Auszahlung kommen wird. Im Bewusstsein der Regeln und Bestimmungen des Insolvenzverfahrens bin ich mir darüber im Klaren, dass alle Einkünfte und Vermögenswerte grundsätzlich zur Insolvenzmasse gehören und den Gläubigern zur Begleichung meiner Schulden dienen sollen. Dennoch bitte ich Sie höflich um Ihre Freigabe, diesen Betrag aus der Schadenregulierung meiner Krankenzusatzversicherung behalten zu dürfen.

Ich bin der festen Überzeugung, dass es im besten Interesse der Gläubiger liegt, wenn ich diesen Betrag zur Deckung meiner persönlichen Gesundheitsausgaben verwenden kann. Dies würde es mir ermöglichen, meine laufenden medizinischen Kosten zu begleichen und mein Wohlbefinden während des Insolvenzverfahrens zu gewährleisten.

Gerne stelle ich Ihnen sämtliche erforderlichen Unterlagen und Nachweise zur Verfügung, um die Richtigkeit der Schadenregulierung und den Betrag der Auszahlung zu belegen. Sollten weitere Informationen oder Dokumente von meiner Seite benötigt werden, stehe ich Ihnen jederzeit zur Verfügung.

Ich bedanke mich im Voraus für Ihre wohlwollende Prüfung meines Anliegens und hoffe auf Ihre positive Entscheidung, mir die Freigabe zur Behaltung der gutgeschriebenen Versicherungsbeträge nach Schadenregulierung zu erteilen. Bitte lassen Sie mich wissen, wenn Sie weitere Informationen oder Unterstützung benötigen.

Mit freundlichen Grüßen,
[Name] [Insolvenznummer] [Kontaktdaten]

Freigabe Für Den Überschuss Meines Gehalt's

Betreff: Freigabe für den Überschuss meines Gehalts auf dem P-Konto

Sehr geehrter [Insolvenzverwalter],

Ich schreibe Ihnen, um Ihre Unterstützung bei der Freigabe des Überschusses meines Arbeitseinkommens auf meinem Konto zu erbitten.

Wie Sie möglicherweise wissen, wird mein Arbeitseinkommen direkt über meinen Arbeitgeber gepfändet. Gemäß den Bestimmungen meines Insolvenzverfahrens habe ich jedoch Anspruch auf einen gewissen Betrag, der für meinen Lebensunterhalt notwendig ist und nicht gepfändet werden darf. Dieser geschützte Betrag ist auf meinem Pfändungsschutzkonto (P-Konto) hinterlegt.

Meine Bank benötigt jedoch eine Freigabe von Ihnen als Insolvenzverwalter, um den Überschuss meines Lohns freizugeben und auf mein P-Konto zu übertragen. Diese Freigabe ist erforderlich, damit ich über den geschützten Betrag hinaus auf mein Einkommen zugreifen und meine finanziellen Verpflichtungen erfüllen kann.

Ich bitte Sie daher höflichst um die Erteilung der Freigabe für den Überschuss meines Lohns auf meinem Konto. Die Freigabe kann in Form eines Schreibens oder einer Bescheinigung erfolgen, in dem Sie bestätigen, dass der Überschussbetrag auf meinem Konto nicht für das Insolvenzverfahren relevant ist und freigegeben werden kann.

Sollten Sie weitere Informationen oder Unterlagen benötigen, stehe ich Ihnen selbstverständlich zur Verfügung. Es wäre hilfreich, wenn Sie mir mitteilen könnten, welche Informationen Sie für die Erstellung der Freigabe benötigen, damit ich diese schnellstmöglich zur Verfügung stellen kann.

Ich danke Ihnen im Voraus für Ihre Unterstützung und Ihre Bemühungen, diese Angelegenheit zu klären. Ich bin zuversichtlich, dass eine reibungslose Freigabe des Überschusses meines Lohns auf mein P-Konto dazu beitragen wird, meine finanzielle Situation zu stabilisieren und meinen Verpflichtungen nachzukommen.

Mit freundlichen Grüßen,
[Name] [Insolvenznummer] [Kontaktdaten]

Fazit:

In jedem Fall muss der Schuldner eine begründete Darlegung
für die Freigabe bei dem Insolvenzverwalter einreichen.
Die genauen Anforderungen und Formalitäten können je
nach individueller Situation und den Bestimmungen des
Insolvenzrechts variieren. Es ist ratsam, sich bei einem
Insolvenzanwalt oder einer Schuldnerberatungsstelle über
den konkreten Ablauf und die erforderlichen Unterlagen zu
informieren.

Es ist von Bedeutung zu verstehen, dass man trotz der
Insolvenz die Möglichkeit hat, Freigaben zu beantragen. Die
Insolvenz bedeutet nicht zwangsläufig, dass man nur über
den Mindestselbstbehalt verfügen darf. Vielmehr liegt es in
der Verantwortung des Einzelnen, aktiv zu werden, Anträge
zu stellen und sich um eine Verbesserung der finanziellen
Situation zu bemühen. Durch eine freundliche Kommunikation
mit dem Insolvenzverwalter können hierbei positive Ergebnisse
erzielt werden, um den finanziellen Spielraum zu erweitern.
Es liegt in der eigenen Hand, aktiv zu werden und sich für eine
verbesserte finanzielle Situation einzusetzen, anstatt resigniert
alles hinzunehmen oder den Kopf in den Sand zu stecken.

DIE BESCHEINIGUNG NACH § 903 ABS. 1 ZPO

Die Bescheinigung nach § 903 Abs. 1 ZPO (Zivilprozessordnung) ist ein Dokument, das bescheinigt, welche Beträge auf einem Pfändungsschutzkonto (P-Konto) gemäß den Bestimmungen der §§ 902 und 904 ZPO von der Pfändung nicht erfasst werden.

Link: https://www.verbraucherzentrale.de/sites/default/files/2022-07/AG_SBV-P-Konto-Bescheinigung_2022-0701.pdf

Auf der Webseite der Verbraucherzentrale besteht die Möglichkeit, diese Bescheinigung kostenfrei herunterzuladen und am Laptop vorab auszufüllen. Alternativ kann auch die gedruckte Version mit zur Schuldnerberatungsstelle oder zum Anwalt genommen werden, der im Insolvenzverfahren unterstützend tätig ist, um die Pfändungsfreigrenze zu erhöhen.

Im ersten Teil der Bescheinigung werden personenbezogene Daten sowie die Informationen des Unterzeichners erfasst. Dies umfasst beispielsweise Behörden wie die Familienkasse oder Schuldnerberatungsstellen sowie befugte Personen wie Anwälte im Insolvenzrecht.

Der zweite Teil bezieht sich auf die Angaben zum Kontoinhaber.

Im dritten Teil wird der Pfändungsfreibetrag ermittelt, der sowohl den Grundfreibetrag als auch einen Erhöhungsbetrag umfasst, falls beispielsweise Unterhaltszahlungen geleistet werden.

Der vierte Teil betrifft weitere laufende monatliche Geldleistungen, zu denen auch das Kindergeld zählt.

Der fünfte Teil befasst sich mit einmaligen Freibeträgen.

Sobald alle Angaben vollständig ausgefüllt und unterschrieben sind, kann dieser Schein bei der Bank eingereicht werden, um den Mindestbetrag, der einem zusteht, zu sichern.

Achtung An Unterhaltszahler:

Wenn eine Jugendamtsurkunde für das Kind/die Kinder unterzeichnet wurde, dient diese als Nachweis, dass einem aktuell (im Jahr 2023) 125 Euro Kindergeld zustehen pro Kind. In der Jugendamtsurkunde ist deutlich festgehalten dass, das halbe Kindergeld vom Unterhalt abgezogen werden darf. Diese Urkunde ist somit der beste Nachweis dafür, dass ein Unterhaltszahler seinen Verpflichtungen nachkommt. Unter Teil vier der Bescheinigung können die weiteren laufenden Geldleistungen um das halbe Kindergeld erhöht werden, um den Pfändungsfreibetrag nochmals zu erhöhen.

Die Aktuellen Pfändungsfreigrenzen

Die aktuellen Pfändungsfreigrenzen im ersten Halbjahr 2023
betragen für Alleinstehende ohne Unterhaltsverpflichtungen
1.339,99 Euro. Wenn eine unterhaltspflichtige Person
vorhanden ist, erhöht sich der Betrag auf 1.839,99
Euro. Bei zwei unterhaltspflichtigen Personen liegt
die Pfändungsfreigrenze bei 2.109,99 Euro. Bei drei
unterhaltspflichtigen Personen beträgt sie 2.389,99 Euro.
Für jede weitere unterhaltspflichtige Person steigt die
Pfändungsfreigrenze auf 2.679,99 Euro. Ab der fünften
unterhaltspflichtigen Person liegt die Grenze bei 2.949,99 Euro.

GELD BEISEITELEGEN

Möglichkeiten, Vorsichtsmaßnahmen Und Potenzielle Risiken

Vor der Anmeldung einer Insolvenz stellen sich viele Menschen die Frage, ob es möglich ist, Geld beiseitezulegen, um finanzielle Rücklagen zu schaffen. Obwohl dies verständlich ist, da die Insolvenz oft mit erheblichen finanziellen Belastungen verbunden ist, sollte man sich bewusst sein, dass es hier eine rechtliche Grauzone gibt. Es besteht die Möglichkeit, dass bestimmte Maßnahmen dazu führen können, dass die Restschuldbefreiung gefährdet wird. Es ist daher äußerst wichtig, vorsichtig zu agieren und sich an bestimmte Richtlinien zu halten.

Es gibt verschiedene Möglichkeiten, Geld beiseitezulegen, bevor man Insolvenz anmeldet. Eine Möglichkeit besteht darin, das Geld an Verwandte oder Freunde zu übertragen und es später nach Abschluss des Insolvenzverfahrens zurückzufordern. Es ist jedoch zu beachten, dass diese Art von Transaktionen genau geprüft werden kann. Wenn der Insolvenzverwalter feststellt, dass die Übertragung in betrügerischer Absicht erfolgte, kann dies zu rechtlichen Konsequenzen führen und die Restschuldbefreiung gefährden.

Eine andere Möglichkeit besteht darin, Geld in Vermögenswerte umzuwandeln, die nicht pfändbar sind. Dazu könnten beispielsweise der Kauf eines Autos oder einer Immobilie zählen. Es ist jedoch wichtig zu beachten, dass dies nur zulässig ist, wenn der Erwerb vernünftig und angemessen ist und nicht in erster Linie dazu dient, Vermögen vor der Insolvenz zu schützen. Eine vorsichtige Vorgehensweise und eine ausführliche Beratung durch einen Insolvenzanwalt sind hier unerlässlich.

Auch sind Gold, Silber und andere Edelmetalle eine gute Lösung da diese bis 1.999 Euro noch Annonym am Schalter erwerbt werden können.

Es ist ratsam, sich vor der Durchführung solcher Maßnahmen an einen erfahrenen Insolvenzanwalt zu wenden. Dieser kann individuelle Ratschläge geben und sicherstellen, dass man sich innerhalb der rechtlichen Grenzen bewegt. Es ist wichtig zu beachten, dass Insolvenzgerichte sehr aufmerksam sind und jegliche Versuche, Vermögen vor der Insolvenz zu schützen, sorgfältig prüfen.

Letztendlich ist es entscheidend, ehrlich und transparent mit dem Insolvenzverfahren umzugehen. Der Zweck der Insolvenz besteht darin, den Schuldnern eine Chance auf einen finanziellen Neuanfang zu geben. Wenn jedoch der Verdacht auf Betrug oder Verschleierung von Vermögenswerten besteht, kann dies schwerwiegende Konsequenzen haben, einschließlich des Verlusts der Restschuldbefreiung und möglicher rechtlicher Konsequenzen.
Es ist daher ratsam, professionelle Beratung einzuholen und alle Handlungen im Rahmen der Insolvenzordnung durchzuführen, um sicherzustellen, dass man die bestmögliche Lösung für seine finanzielle Situation erreicht.

GESETZE UND VERORDNUNGEN ZUR PRIVATINSOLVENZ

Die Gesetze und Verordnungen zur Privatinsolvenz finden sich hauptsächlich im deutschen Insolvenzrecht. Hier sind die wichtigsten Gesetzestexte, in denen Sie relevante Vorschriften zur Privatinsolvenz finden können:

1. Insolvenzordnung (InsO): Das Insolvenzrecht ist im fünften Buch des deutschen Bürgerlichen Gesetzbuchs (BGB) festgelegt. Die Insolvenzordnung regelt sowohl das Verfahren für die Insolvenz von natürlichen Personen (Privatinsolvenz) als auch von Unternehmen.

2. Verordnung zur Durchführung der Insolvenzordnung (Insolvenzordnung-Durchführungsverordnung - InsO-DV): Diese Verordnung enthält detaillierte Bestimmungen zur Durchführung des Insolvenzverfahrens und ergänzt die Insolvenzordnung.

3. Insolvenzrechtliche Vergütungsverordnung (InsVV): Diese Verordnung regelt die Vergütung der Insolvenzverwalter, Treuhänder und anderer Beteiligter im Insolvenzverfahren.

4. Tabelle A zur Insolvenzordnung: Die Tabelle A enthält eine Übersicht über die Pfändungsfreigrenzen für die Berechnung des pfändbaren Einkommens bei der Privatinsolvenz.

Bitte beachten Sie, dass es im Insolvenzrecht auch weitere gesetzliche Bestimmungen und Verordnungen gibt, die nicht ausschließlich die Privatinsolvenz betreffen, sondern

auch andere Formen des Insolvenzverfahrens umfassen.
Bei konkreten Fragen oder für eine umfassendere rechtliche
Beratung empfehle ich Ihnen, einen Fachanwalt für
Insolvenzrecht zu konsultieren oder auf aktuelle Gesetzestexte
und Rechtsprechung zuzugreifen.

STRATEGIEN ZUM SCHUTZ VON HAUSBESITZERN

In Der Privatinsolvenz

In wirtschaftlich schwierigen Zeiten wie einer Rezession kann der lang ersehnte Traum vom Eigenheim platzen. Wenn die finanzielle Belastung zu groß wird und die Kredite nicht mehr bedient werden können, droht die Zwangsversteigerung des Hauses. Doch es gibt Möglichkeiten, sein Haus vor der Privatinsolvenz zu schützen. In diesem Kapitel werden verschiedene Strategien vorgestellt, wie Hausbesitzer ihr Eigentum trotz finanzieller Schwierigkeiten bewahren können.

Hausbesitz In Der Privatinsolvenz

Die Privatinsolvenz ist für viele Hausbesitzer eine schwierige Situation. Doch es ist wichtig zu verstehen, dass der Verlust des Eigenheims nicht zwangsläufig als Schande betrachtet werden sollte. In einer Rezession können sich finanzielle Umstände schnell ändern, und es ist entscheidend, angemessene Lösungen zu finden, um weiteren Schaden zu vermeiden.

Schutzstrategien Für Hausbesitzer

1. Erbengemeinschaften: Durch die Bildung einer Erbengemeinschaft können Hausbesitzer ihr Eigentum auf mehrere Personen aufteilen. Dadurch entsteht eine rechtliche und finanzielle Absicherung, da das Haus nicht ausschließlich einem einzigen Schuldner gehört.

2. Familienverwaltungen: Eine weitere Möglichkeit besteht darin, das Haus in eine Familienverwaltung zu überführen. Dabei wird das Eigentum auf Familienmitglieder übertragen, die gemeinsam die Verantwortung für die Finanzierung und Verwaltung des Hauses tragen.

Beispiele Für Erfolgreiche Schutzmaßnahmen

Eine Familie, die aufgrund finanzieller Schwierigkeiten das Risiko einer Zwangsversteigerung ihres Hauses befürchtete, entschied sich für die Gründung einer Erbengemeinschaft. Dadurch wurde das Eigentum auf mehrere Familienmitglieder verteilt, was die finanzielle Belastung reduzierte und das Haus vor einer möglichen Zwangsversteigerung schützte.

Ein Ehepaar, das mit hohen Kreditzahlungen zu kämpfen hatte, entschied sich für die Einrichtung einer Familienverwaltung. Durch die gemeinsame Verantwortung der Familie für die Finanzierung und Verwaltung des Hauses konnte die finanzielle Last auf mehrere Schultern verteilt werden, was zu einer Entlastung führte und das Eigentum bewahrte.

Fazit

Hausbesitzer, die mit finanziellen Schwierigkeiten konfrontiert sind, sollten sich nicht scheuen, nach Möglichkeiten zu suchen, um ihr Eigenheim zu schützen. Die Gründung einer Erbengemeinschaft oder einer Familienverwaltung sind nur einige Beispiele für Strategien, die helfen können, das Haus vor der Privatinsolvenz zu bewahren. Es ist wichtig, frühzeitig professionellen Rat einzuholen und die individuellen Umstände zu berücksichtigen. In solchen schwierigen Zeiten ist es entscheidend, Wege zu finden, um den Verlust des Eigenheims zu verhindern und eine stabile finanzielle Zukunft aufzubauen.

Da dieses ein sehr komplexes Vorgehen ist, ist es dringend

ratsam, einen Fachanwalt hinzuzuziehen, um rechtliche Konsequenzen zu vermeiden und sich auf einen rechtssicheren Weg zu begeben. Bei diesem Thema sollten unbedingt professionelle Hilfe und Beratung in Anspruch genommen werden, um Fehler zu vermeiden und die bestmöglichen Ergebnisse zu erzielen. Die Unterstützung eines erfahrenen Anwalts gewährleistet eine fundierte rechtliche Begleitung und ermöglicht es, die individuelle Situation angemessen zu bewerten und entsprechend zu handeln.

ZWANGSVOLLSTRECKUNG

Ein Überblick Über Das Verfahren Und Mögliche Auswege

Die Zwangsvollstreckung ist ein juristisches Verfahren, das angewendet wird, um offene Forderungen durchzusetzen, wenn der Schuldner seinen Zahlungsverpflichtungen nicht nachkommt. Dabei wird der Gläubiger durch staatliche Organe unterstützt, um sein Recht auf die geschuldete Summe durchzusetzen. In diesem Teil werden wir uns mit der Definition und dem Ablauf der Zwangsvollstreckung befassen. Zudem werden wir Möglichkeiten untersuchen, wie Schuldner dieses Verfahren umgehen können.

Die Zwangsvollstreckung ist ein komplexes Verfahren, das in mehreren Schritten durchgeführt wird. Nachdem der Gläubiger einen Vollstreckungstitel, wie zum Beispiel ein Urteil oder einen Vollstreckungsbescheid, erlangt hat, kann er die Zwangsvollstreckung einleiten. Hierbei kommen verschiedene Maßnahmen zum Einsatz, wie die Kontopfändung, die Lohnpfändung oder die Pfändung von Wertgegenständen.

Es gibt jedoch Möglichkeiten, die Zwangsvollstreckung zu umgehen oder zumindest abzumildern. Eine Möglichkeit besteht darin, dass Familienangehörige oder nahestehende Personen die gepfändeten Gegenstände oder Forderungen erwerben. Dies ist jedoch mit Vorsicht zu genießen, da solche Handlungen als sogenannte "Gläubigerbenachteiligung" gewertet werden können, wenn sie dazu dienen, das Vermögen vor dem Zugriff der Gläubiger zu schützen.

Eine weitere Option besteht darin, mit dem Gläubiger eine
außergerichtliche Einigung zu erzielen. Hierbei können zum
Beispiel Ratenzahlungen oder ein Vergleich vereinbart werden,
um eine Zwangsvollstreckung zu verhindern oder zumindest
abzuwenden.

Die Zwangsvollstreckung ist ein rechtliches Verfahren, das es
Gläubigern ermöglicht, ihre Forderungen durchzusetzen. Es ist
wichtig, die rechtlichen Konsequenzen und Möglichkeiten zu
kennen, um im Falle einer Zwangsvollstreckung angemessen
reagieren zu können. Die Zusammenarbeit mit einem
erfahrenen Anwalt kann dabei helfen, mögliche Wege zur
Umgehung oder Abmilderung der Zwangsvollstreckung zu
identifizieren. Schuldner sollten jedoch stets bedenken, dass
rechtswidrige Handlungen oder die Gläubigerbenachteiligung
Konsequenzen haben können. Es ist ratsam, frühzeitig
professionellen Rat einzuholen, um die bestmögliche Lösung
für die individuelle Situation zu finden.

Zwangsvollstreckungen Beim Eigenheim - Risiken Und Handlungsoptionen

Der Traum vom Eigenheim kann in manchen Situationen durch finanzielle Schwierigkeiten und Überschuldung getrübt werden. Im schlimmsten Fall kann dies zu einer Zwangsvollstreckung des Eigenheims führen, bei der das Objekt zwangsversteigert wird, um die offenen Forderungen zu begleichen. In diesem Abschnitt werden wir uns mit den Risiken und den verschiedenen Handlungsoptionen befassen, die Schuldner in einer solchen Zwangsvollstreckungssituation beim Eigenheim haben.

Die Zwangsvollstreckung beim Eigenheim ist ein komplexes und belastendes Verfahren für die betroffenen Schuldner. Im Falle einer Zwangsvollstreckung wird das Haus oder die Wohnung vom Gerichtsvollzieher gepfändet und zum Verkauf auf einer Versteigerung angeboten. Dies geschieht in der Regel, wenn der Schuldner seinen finanziellen Verpflichtungen nicht nachkommen kann und die Gläubiger ihre Forderungen zwangsweise durchsetzen möchten.

Es gibt jedoch einige Handlungsoptionen für Schuldner, um eine Zwangsvollstreckung ihres Eigenheims zu vermeiden oder zumindest zu verzögern. Eine Möglichkeit besteht darin, frühzeitig mit den Gläubigern in Kontakt zu treten und alternative Lösungen zu suchen. Dazu gehört die Vereinbarung einer Ratenzahlung, einer Stundung oder die Umwandlung der Schulden in einen neuen Kredit. Es ist wichtig, eine offene Kommunikation mit den Gläubigern aufrechtzuerhalten und mögliche Verhandlungen zu führen.

Des Weiteren können Schuldner prüfen, ob sie Anspruch auf staatliche Unterstützung oder spezielle Programme haben, die ihnen helfen können, die Zwangsvollstreckung abzuwenden. Es gibt beispielsweise die Möglichkeit einer Umschuldung, einer Bürgschaft oder eines Kredits mit staatlicher Unterstützung.

Die Zwangsvollstreckung des Eigenheims ist eine äußerst belastende Situation für Schuldner. Es ist jedoch wichtig zu wissen, dass es Handlungsoptionen gibt, um eine Zwangsvollstreckung zu vermeiden oder zumindest zu verzögern. Eine offene Kommunikation mit den Gläubigern, das frühzeitige Einholen rechtlicher Beratung und das Nutzen staatlicher Unterstützungsprogramme können hilfreiche Maßnahmen sein. Es ist ratsam, frühzeitig professionellen Rat einzuholen, um die individuelle Situation angemessen zu bewerten und die bestmöglichen Lösungen zu finden, um das Eigenheim zu schützen.

BUCHEMPFEHLUNGEN ZUR FINANZIELLE INTELLIGENZ

Hier sind einige Buchempfehlungen, um finanzielle Intelligenz für Erwachsene und Kinder zu erlangen

Für Erwachsene:

1. "Rich Dad Poor Dad" von Robert T. Kiyosaki - Dieses Buch erklärt die grundlegenden Prinzipien des Vermögensaufbaus und die Unterschiede im Denken zwischen reichen und armen Menschen.

2. "Der reichste Mann von Babylon" von George S. Clason - Dieses Buch bietet zeitlose Ratschläge zur finanziellen Freiheit und enthüllt die Geheimnisse des Wohlstands aus dem alten Babylon.
3. "Think and Grow Rich" von Napoleon Hill - Ein Klassiker der Selbsthilfe-Literatur, der sich auf die Entwicklung der Denkweise konzentriert und zeigt, wie man Wohlstand und Erfolg erreichen kann.

Für Kinder:

1. "Rich Kid Smart Kid" von Robert T. Kiyosaki - Dieses Buch bringt Kindern die Grundlagen des Geldes und der Finanzen bei und zeigt ihnen, wie sie intelligente finanzielle Entscheidungen treffen können.

2. "The Kids' Money Book" von Jamie Kyle McGillian - Ein

unterhaltsames und interaktives Buch, das Kindern die Grundlagen des Geldmanagements, Sparen und Investierens vermittelt.

3. "Money Monsters" von Ted and Jenny Dahmus - Dieses Buch erklärt Kindern auf spielerische Weise die Konzepte des Geldes und der Finanzen und zeigt ihnen, wie sie kluge finanzielle Entscheidungen treffen können.

Diese Buchempfehlungen sollen als Ausgangspunkt dienen, um finanzielle Intelligenz bei Erwachsenen und Kindern zu fördern. Es gibt jedoch noch viele weitere Bücher und Ressourcen auf dem Markt, die Ihnen dabei helfen können, Ihr Verständnis für Geld und Finanzen zu erweitern.

EIN NEUER ANFANG

Überwindung Der Privatinsolvenz

Mit dem letzten Kapitel dieses Buches nähern wir uns dem Ende einer Reise, die sich mit einem der herausforderndsten Aspekte des Lebens befasst - der Privatinsolvenz. Wir hoffen, dass dieses Buch Ihnen dabei geholfen hat, Antworten auf Ihre Fragen zu finden und Wege aufgezeigt hat, um die Schwierigkeiten der Insolvenz zu erkennen und zu überwinden.

Die Privatinsolvenz ist kein einfacher Prozess, und oft wird sie von Scham und Selbstzweifeln begleitet. Doch es ist wichtig zu betonen, dass es keine Schande ist, einen finanziellen Neuanfang zu wagen. Jeder kann in eine Situation geraten, in der eine Privatinsolvenz unausweichlich wird. Es ist ein mutiger Schritt, sich dieser Realität zu stellen und nach Lösungen zu suchen.

Dieses Buch hat sich zum Ziel gesetzt, Ihnen nicht nur die rechtlichen und finanziellen Aspekte der Privatinsolvenz näherzubringen, sondern auch eine Quelle der Unterstützung und Ermutigung zu sein. Es hat Ihnen gezeigt, dass Sie nicht allein sind und dass es Wege gibt, um aus der Schuldenfalle herauszukommen.

Wir möchten Ihnen zum Abschluss sagen, dass wir Ihnen allen den Mut und die Entschlossenheit wünschen, Ihre Schwierigkeiten zu überwinden und einen neuen Anfang zu schaffen. Mögen Sie die Lehren und Erkenntnisse, die Sie aus diesem Buch gewonnen haben, als Werkzeug nutzen, um Ihre finanzielle Situation zu verbessern und ein erfüllteres Leben zu führen.

Denken Sie daran, dass ein Neuanfang nicht nur eine Chance
ist, Ihre Finanzen zu bereinigen, sondern auch eine Möglichkeit,
sich selbst neu zu entdecken und Ihre Träume und Ziele neu zu
definieren. Nutzen Sie dieses Buch als Leitfaden, aber auch als
Erinnerung daran, dass Sie die Fähigkeit haben, Ihre Zukunft zu
gestalten und erfolgreich zu sein.

Wir danken Ihnen für Ihre Zeit und hoffen, dass dieses
Buch Ihnen geholfen hat. Mögen Sie Ihren Weg in Richtung
finanzieller Stabilität und Zufriedenheit mit Zuversicht und
Entschlossenheit fortsetzen. Ihnen allen wünschen wir einen
erfolgreichen Neuanfang!

Abschließend möchten wir betonen, dass dieses Buch nur
als allgemeiner Leitfaden dienen kann und eine individuelle
Beratung bei Experten empfohlen wird, um spezifische Fragen
und Situationen zu klären. Gehen Sie Ihren Weg mit Zuversicht
und stets daran erinnernd, dass Sie die Fähigkeit haben, Ihre
finanziellen Schwierigkeiten zu überwinden und ein erfülltes
Leben zu führen.

NACHWORT

Abschließend möchte ich mich von ganzem Herzen bei Ihnen für Ihr Interesse an meinem Buch bedanken. Es freut mich sehr, dass Sie sich die Zeit genommen haben, sich mit dem Thema Privatinsolvenz und finanzieller Intelligenz auseinanderzusetzen.

Ich hoffe, dass Sie aus diesem Buch wertvolle Erkenntnisse und praktische Tipps mitnehmen konnten, die Ihnen dabei helfen, Ihre finanzielle Zukunft positiv zu gestalten. Mein Ziel war es, Ihnen ein umfassendes Verständnis für die Privatinsolvenz zu vermitteln und Ihnen Werkzeuge an die Hand zu geben, um Ihre Schulden zu bewältigen und Ihre Finanzen nachhaltig zu verbessern.

Abschließend wünsche ich Ihnen von ganzem Herzen alles Gute für Ihre finanzielle Zukunft. Mögen Sie Ihre Schulden erfolgreich bewältigen, Ihre finanziellen Ziele erreichen und ein Leben in finanzieller Freiheit führen. Denken Sie daran, dass Sie die Kontrolle über Ihre Finanzen haben und jederzeit positive Veränderungen herbeiführen können.

Nochmals vielen Dank für Ihr Vertrauen und Ihr Interesse. Ich wünsche Ihnen nur das Beste auf Ihrem finanziellen Weg.

Mit herzlichen Grüßen,

Roul Inblich

DANKSAGUNG

Ich möchte diesen Moment nutzen, um allen Menschen meinen aufrichtigen Dank auszusprechen, die mich während der Entstehung dieses Buches unterstützt und begleitet haben. Ein besonderer Dank gilt meiner Familie und meinen Freunden, die in dieser Zeit stets an meiner Seite waren und mir mit Rat und Tat zur Seite standen. Ihr Vertrauen und eure Unterstützung haben mir unermesslich viel bedeutet und haben mich in schwierigen Momenten ermutigt, weiterzumachen.

Ein herzlicher Dank geht an einen selbständigen Freund, der mit seinen zahlreichen Gesprächen und wertvollen Ratschlägen einen großen Beitrag zu diesem Buch geleistet hat. Deine Erfahrungen und dein Fachwissen haben mir geholfen, neue Perspektiven zu gewinnen und meine eigenen Gedanken zu vertiefen.

Ebenso möchte ich allen Menschen danken, die meine Entscheidung, den Weg der intelligenten Insolvenz zu gehen, akzeptiert und mich dabei unterstützt haben. Euer Verständnis und eure Unterstützung haben mir in schwierigen Momenten Kraft gegeben und mich darin bestärkt, meinen eigenen Weg zu gehen.

Ein besonderer Dank gebührt auch meiner Tochter, die mir in dieser herausfordernden Zeit eine unerschütterliche Stütze war. Deine Liebe, dein Verständnis und deine Unterstützung haben mir die Kraft gegeben, diese schwere Zeit zu meistern und nach vorne zu schauen.

ÜBER DEN AUTOR

Roul Inblich

Roul Inlbich ist ein engagierter Autor, der sich leidenschaftlich für persönliche Weiterbildung und Wissensvermittlung einsetzt. Im Laufe seiner jungen Jahre hat er intensiv Zeit und Energie in seine eigene persönliche Entwicklung investiert und zahlreiche namhafte Seminare besucht. Dieses erworbene Wissen und die gewonnenen Erkenntnisse haben ihm geholfen, im Alter von 30 Jahren erfolgreich die Herausforderungen der Kindesentfremdung zu bewältigen.

Inspiriert von seiner eigenen Erfahrung und dem Wunsch, anderen in schwierigen Zeiten beizustehen, hat Roul Inlbich im Alter von 33 Jahren beschlossen, sein Wissen und seine Erkenntnisse in Form von wertvollen Büchern zu teilen. Sein Ziel ist es, den Lesern hilfreiche Werkzeuge und Ratschläge zur Verfügung zu stellen, um ihnen dabei zu helfen, schwierige Lebenssituationen zu überwinden und wieder Fuß zu fassen.
Roul Inlbich ist überzeugt, dass jeder Mensch das Potenzial zur persönlichen Weiterentwicklung und zum Erfolg in sich trägt. Durch seine Bücher möchte er seinen Lesern praktische Anleitungen und Inspiration bieten, um ihre Stärken zu entfalten, Hindernisse zu überwinden und ein erfülltes Leben zu führen. Mit Empathie, Weisheit und einer optimistischen Perspektive möchte Roul Inlbich dazu beitragen, dass seine Leser gestärkt und motiviert ihre eigenen Lebensziele erreichen können.

BÜCHER IN DIESER SERIE

Stark durch die Stürme des Lebens

Die Buchserie "Stark durch die Stürme des Lebens" präsentiert eine mitreißende Sammlung von inspirierenden Geschichten, die dazu ermutigen, eigene Hindernisse zu überwinden und gestärkt aus schwierigen Zeiten hervorzugehen. Jedes Buch bietet bewegende Lebenserfahrungen, praktische Anleitungen und bewährte Strategien, um den Lesern dabei zu helfen, ihre Ziele zu erreichen und erfolgreich zu sein. Tauchen Sie ein in diese packenden Geschichten der Transformation, entdecken Sie Ihre innere Stärke und lassen Sie sich von den Erfolgsgeschichten inspirieren, die Sie ermutigen werden, jede Herausforderung zu meistern.

Zwischen Liebe Und Verrat

"Zwischen Liebe und Verrat" ist eine fesselnde und inspirierende Geschichte über eine persönliche Scheidungserfahrung. Der Autor teilt offen seine erschütternden Erlebnisse, kämpft mit Entschlossenheit und enthüllt eine bemerkenswerte innere Stärke. Dieses Buch bietet praktische Werkzeuge und bewährte Strategien, um schwierige Entscheidungen zu treffen, Emotionen zu bewältigen und die eigene mentale Stärke zu erhalten. Es ist ein unverzichtbarer Leitfaden, der Orientierung, Unterstützung und Inspiration für alle bietet, die mit Trennung und Scheidung konfrontiert sind. Tauchen Sie ein in diese spannende Geschichte der Transformation und entdecken Sie die immense Kraft, die in Ihnen steckt.

Gefangen Im Schweigen

In diesem packenden Handbuch "Gefangen im Schweigen: Kindesentfremdung verstehen, erkennen und überwinden" werden Sie tief in das Thema der Kindesentfremdung eingeführt. Erfahren Sie, wie sich Kindesentfremdung äußert, welche Auswirkungen sie hat und wie Sie als betroffene Eltern oder Angehörige damit umgehen können. Mit praktischen Strategien und einem Aufruf zur Sensibilisierung bietet dieses Buch einen Leitfaden zur Wiederherstellung der Bindung zu Ihrem Kind und zur Unterstützung betroffener Familien. Tauchen Sie ein in diese bewegende und informative Lektüre, die Ihnen helfen wird, die Stimmen der entfremdeten Kinder und Eltern zu hören und ihnen eine Stimme zu geben.

Privatinsolvenz Leicht Gemacht

Erfahren Sie in "Privatinsolvenz leicht gemacht - Weg aus den Schulden" alles, was Sie wissen müssen, um Ihre finanziellen Schwierigkeiten zu überwinden. Von den Vor- und Nachteilen einer Privatinsolvenz bis hin zur Schuldenbefreiung und inspirierenden Erfolgsgeschichten bietet dieses Buch eine umfassende Anleitung für Ihren Weg zu einer schuldenfreien Zukunft.

BÜCHER VON DIESEM AUTOR

Wachsen In Krisenzeiten: Die Reise Der Persönlichen Krisen

Ein inspirierender Leitfaden für jeden, der nach Wegen sucht, persönliche Krisen zu meistern und gestärkt daraus hervorzugehen. Tauchen Sie ein in die Welt der Selbstreflexion, Resilienz und Transformation, und entdecken Sie erprobte Werkzeuge und Strategien, um emotionale Hürden zu überwinden, neue Perspektiven zu gewinnen und ein erfülltes Leben zu führen. Dieses Buch wird Ihnen helfen, Ihre innere Stärke zu entfesseln und Ihren Lebensweg mit Zuversicht und Gelassenheit zu gestalten. Seien Sie bereit, sich selbst neu zu entdecken und aus jeder Krise gestärkt hervorzugehen.

Die Kunst Der Lösungsorientierung: Die Reise Von Problemen Zu Lösungsorientierten Aufgaben

Entdecke die Kraft der Lösungsorientierung – Deine Reise von Problemen zu persönlichem Wachstum und Erfolg. Lerne, Herausforderungen als Chancen zu sehen und sie in inspirierende Aufgaben zu verwandeln. Mit praktischen Strategien, Fallbeispielen und lebensverändernden Erkenntnissen. Ein Buch, das dich dazu inspiriert, dein Potenzial zu entfalten und ein erfülltes Leben zu führen. Bist du bereit, deine Probleme zu überwinden und zu wachsen? Hol dir jetzt 'Die Kunst der Lösungsorientierung: Die Reise von Problemen zu lösungsorientierten Aufgaben' und gestalte deine Zukunft selbst!

Die Kraft Der Erfolgsformeln: Ihr Leitfaden Für Persönliche Transformation Und Resilienz

Entfesseln Sie Ihre innere Kraft und erreichen Sie wahre Erfüllung! Entdecken Sie die transformative Wirkung der Erfolgstagebücher, Dankbarkeitsbücher, Glaubenssätze und positiven Autosuggestionen. Tauchen Sie ein in eine Welt des persönlichen Wachstums und der Resilienz, während Sie Ihren Weg zu einem erfolgreicheren und erfüllteren Leben einschlagen.